GW01605588
Useful
Chin
Characters
for Learners of Korean

# Useful Chinese Characters
for Learners of Korean

**Written by** Language Education Institute, Seoul National University
**Translated by** Anna Paik
**First Published** April, 2007
**2nd Printing** August, 2010
**Publisher** Chung Kyu-do
**Editor** Lee Suk-hee, Lee Eun-ju, Oh Ju-young
**Designer** Son Hye-jung, Ha Tae-ho

**DARAKWON** Published by Darakwon Inc.
509-1 Munbal-ri, Gyoha-eup, Paju-si
Gyeonggi-do, Korea 413-756
Tel : 02-736-2031 Fax : 02-732-2037
(Marketing Dept. ext.: 112~114
Editorial Dept. ext.: 410~412)



**Price : 12,000 won**

ISBN : 978-89-5995-764-4 13710

**http://www.darakwon.co.kr**

# Useful Chinese Characters for Learners of Korean

Language Education Institute
Seoul National University

DARAKWON

# 머리말

한자와 한국어의 관계는 라틴어와 영어의 관계에 비교될 수 있다. 한자를 알면 한국어 어휘의 구성 원리를 쉽게 이해할 수 있기 때문이다. 그러므로 한국어를 배우는 외국인 학습자들이 한자를 학습하면 한자어의 의미를 쉽게 파악하고 기억하여 어휘력을 크게 확장시킬 수 있다. 이 책은 이러한 목적으로 만들어진 외국인 학습자를 위한 한자 교재로서, 서울대학교 언어교육원 한국어교육센터에서 오후 특별반으로 운영하는 한자 초급반과 중급반의 교수요목에 바탕을 두고 내용이 구성되었다.

## 이 책의 특징은 다음과 같다.

**• 한국어 어휘 교육을 위하여 만들어졌다.**

조어력이 높은 한자와 빈도 높은 한자어를 익혀서 한국어 어휘에서 큰 비중을 차지하는 한자어를 외국인 학습자들이 효율적으로 이해하고 사용할 수 있도록 하였다.

**• 한국어 어휘 확장에 도움이 되는 한자를 선정하였다.**

한자 학습에 기본적이며 한국어 어휘 확장에 기여도가 높은 한자를 중심으로 선정하였으며, 이를 주제에 따라 분류하여 상호 관련성을 통해 학습 효율성을 높이도록 하였다.

**• 한자와 한자어에 체계적으로 접근할 수 있다.**

〈기초 편〉은 준비 단계로 한자의 기본 원리와 기초 한자를 익히게 된다. 〈확장 편〉에서는 〈기초 편〉에서 익힌 기초 한자들을 바탕으로 한자어의 짜임과 조어 방식을 익혀 한자어 이해 능력을 기르게 하였다.

**• 한자 학습이 한국어 의사소통능력 향상으로 전이될 수 있다.**

한자를 한국어 학습을 위한 도구로 활용한다는 원칙에 따라 문맥 내에서 실제적인 연습이 이루어지도록 하였고 한자어로 확장되는 어휘를 대표적인 실제 상황과 연결하였다.

이 책이 나오기까지 많은 분들의 도움이 있었다. 특히 〈기초 편〉은 1998년에 최은규, 김정화 선생님이 집필하고, 2002년에 정인아, 신혜원, 오미남 선생님이 수정한 〈초급 한자〉를 기반으로 하였다. 그동안 교재를 개발하고 한자반을 담당하면서 외국인을 위한 한자 교육의 기초를 닦는 데 노력을 아끼지 않은 여러 선생님들과 이 책이 완성되기까지 헌신적으로 참여해 준 집필진들께 이 자리를 빌려 깊은 감사를 드린다. 또한 이 책의 번역을 맡아 주신 애나 백 선생님, 이 책의 출판을 맡아 주신 다락원 정규도 사장님과 한국어출판부 편집진 여러분께도 감사의 마음을 전한다.

2007. 4

김성규
서울대학교 언어교육원 한국어교육센터 소장

# Introduction

The relationship between Chinese characters and Korean is similar to the one between Latin and English. It is easy to understand how Korean words are constructed when you know Chinese characters. Foreigners who are learning Korean can enhance their vocabulary greatly by learning Chinese characters. This book is for those who are trying to improve their Korean by learning Chinese characters. It is based on special Chinese character classes, basic and intermediate, run by the Korean Language Education Center at Seoul National University Language Education Institute.

### This book can be characterized by the following.

- The book is made to help learn Korean vocabulary.

By learning Chinese characters frequently used in the Korean language, foreign students can understand and use words written in Chinese characters effectively.

- The Chinese characters in the book are chosen to enhance Korean vocabulary.

The book presents basic Chinese characters that are specifically chosen to improve Korean vocabulary. The Chinese characters are also categorized by themes enabling learners to grasp the correlation in order to enhance learning efficiency.

- A systematic approach to Chinese characters and words written in Chinese characters is possible.

In the <Beginner> level, you will learn basic principles of Chinese characters and basic characters. In the <Intermediate> level, you will learn how words in Chinese characters are formed based on basic characters you learned in the <Beginner> level.

- Learning Chinese characters can lead to better communication skills in Korean.

As the goal of the book is to use Chinese characters to learn Korean, practical exercises are included. This book also presents how a word written in Chinese characters is used in real world situations.

Many people helped to make this book. The <Beginner> level was based on <Basic Chinese Characters> revised by Jeong In-ah, Shin Hye-won, and Oh Mi-nam in 2002 and written by Choi Eun-gyu and Kim Chung-hwa in 1998. I want to say a special 'thank you' to the many teachers who put heart and soul into developing the textbooks and teaching the Chinese character classes and to the dedicated writers of this book. Also, thanks to Ms. Anna Paik who translated this book, Mr. Chung Kyu-do, the head of Darakwon, and all the editors.

2007. 4
Kim Sung-gyu
Director of the Language Education Institute, Seoul National University

# How to Use This Book

## Each chapter is constructed like as follows:

❶ Each chapter includes 10 to 12 Chinese characters. In the <Intermediate> level, advanced Chinese characters that appear frequently in Korean words written in Chinese characters are added.

❷ Pronunciation, meaning, radicals, total strokes, and stroke order of Chinese characters are presented in the book. You can also practice writing in this book.

❸ The sections in each chapter are composed of "Getting Started," "Let's Learn," "Let's Practice," and "Let's Write." The <Beginner> and <Intermediate> levels are structured as follows:

### :: Beginner

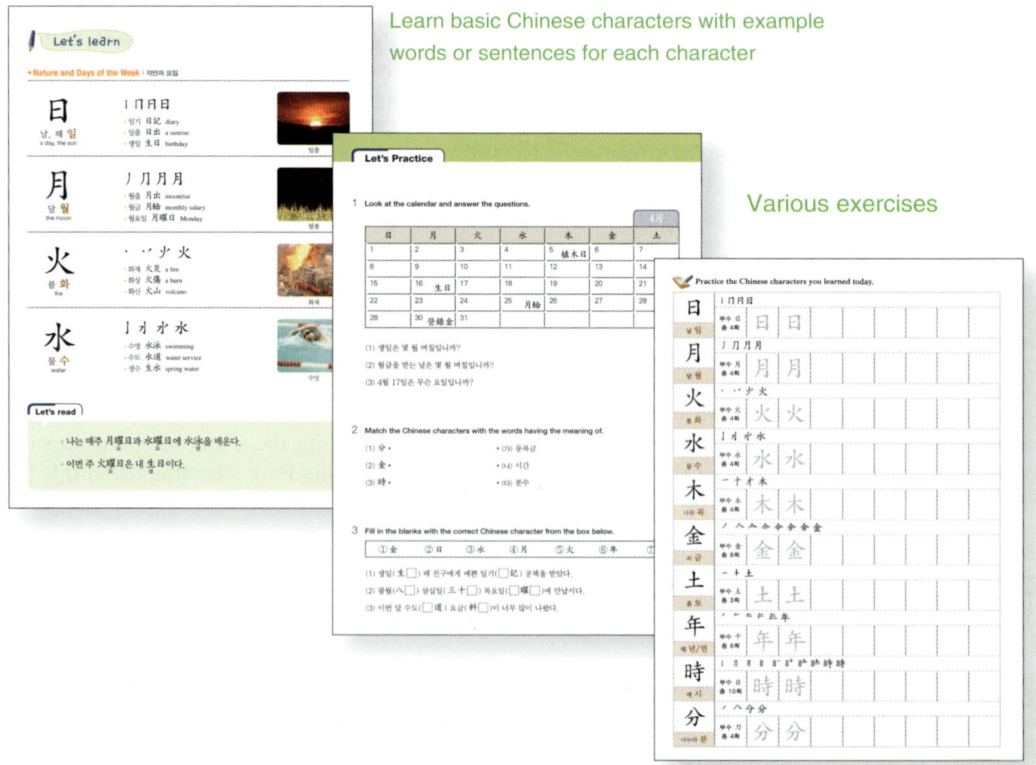


Learn basic Chinese characters with example words or sentences for each character

Various exercises

## :: Intermediate

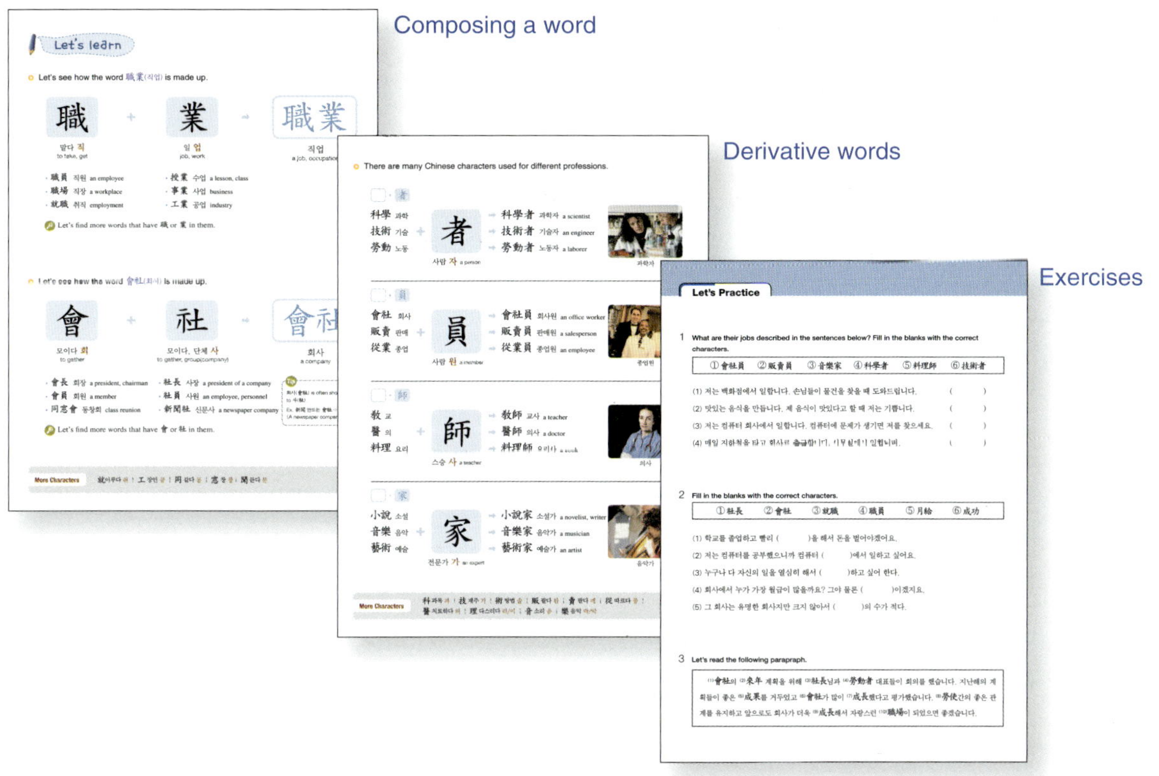


4. An example sentence is provided for each Chinese character so you can see how it is used in context.

5. You can review the words and strengthen the vocabulary you've learned through various exercises.

6. A paragraph written in Korean and Chinese characters is provided so you can check your progress and get a sense of achicvement.

7. You can look up a Chinese character by its meaning, pronunciation, or English translation. You can also find the first chapter the character was introduced.

# Contents



## :: Beginner

## :: Intermediate



## :: Appendix

# Table of Contents

## :: Beginner

## :: Intermediate

| Chap. | Title | Today's Characters | Words Written in Chinese Characters |
|---|---|---|---|
| 1 | 人生 | 生 老 病 死 結 婚 愛 情 式 親 | 生日, 人生, 老人, 養老院, 病院, 心臟病, 死亡, 死刑, 結果, 結末, 結合, 約婚, 新婚旅行, 未婚, 愛人, 愛玩動物, 戀愛, 人情, 友情, 情報, 入學式, 卒業式, 結婚式, 葬禮式, 親切, 親舊 |
| 2 | 教育 | 育 習 宿 題 豫 復 開 放 讀 書 | 教師, 教室, 教科書, 育兒, 體育, 學校, 學生, 練習, 慣習, 習慣, 宿食, 宿泊, 題目, 話題, 豫習, 豫約, 復習, 往復, 開學, 開放, 放學, 放送, 讀書, 讀者, 書店, 書藝, 說明書, 報告書 |
| 3 | 性格 | 性 格 自 信 的 點 感 快 活 | 性急, 個性, 性別, 人格, 資格, 價格, 自己, 自由, 自然, 信用, 不信, 確信, 女性的, 內省的, 外向的, 長點, 重點, 問題點, 感情, 感動, 自信感, 快感, 快活, 愉快, 活力, 活氣, 活動 |
| 4 | 經濟 | 經 濟 價 財 產 費 料 加 減 | 經濟力, 經濟學, 經濟的, 物件, 生物, 價格, 評價, 財物, 文化財, 產業, 生產, 交通費, 生活費, 食費, 學費, 車費, 入場料, 授業料, 給料, 保險料, 觀覽料, 增加, 參加, 減少, 減量 |
| 5 | 職業 | 職 業 會 社 者 員 師 勞 成 | 職員, 職場, 就職, 授業, 事業, 工業, 會長, 會員, 同窓會, 社長, 社員, 新聞社, 科學者, 技術者, 勞動者, 會社員, 販賣員, 從業員, 教師, 醫師, 料理師, 小說家, 音樂家, 藝術家, 勞動, 勞使, 成功, 成果, 成長 |
| 6 | 交通 | 交 通 道 路 場 所 線 乘 速 | 交換, 外交, 交叉路, 通過, 通路, 通行, 車道, 人道, 道理, 大路, 進入路, 大學路, 市場, 運動場, 公演場, 研究所, 休憩所, 案內所, 車線, 二號線, 路線, 乘車, 乘客, 速度, 過速, 高速 |
| 7 | 大衆文化 | 衆 化 送 映 畵 最 新 視 聽 歌 | 公衆, 觀衆, 民衆, 變化, 實用化, 老化, 放學, 放心, 送金, 送別會, 上映, 反映, 映像, 畵家, 畵面, 西洋畵, 最高, 最低, 最善, 新世代, 新人, 新式, 視力, 視線, 聽衆, 聽取, 歌手, 歌謠 |
| 8 | 傳統文化 | 傳 統 國 樂 民 代 有 無 遺 古 | 傳達, 傳說, 遺傳, 系統, 血統, 統一, 國家, 國民, 外國, 音樂, 樂器, 娛樂, 國民, 市民, 失鄕民, 現代, 時代, 世代, 有名, 有識, 有料, 無名, 無識, 無料, 遺產, 遺物, 遺言, 古都, 古代, 古典 |
| 9 | 旅行 | 旅 行 世 界 全 各 名 休 食 | 旅券, 旅館, 旅費, 行動, 行事, 善行, 出世, 世代, 世紀, 外界人, 限界, 政治界, 全國, 全世界, 全部, 各國, 各界, 各自, 名所, 名品, 名門, 休日, 休息, 連休, 食堂, 食事, 飮食 |
| 10 | 學問 | 思 想 理 論 意 識 力 未 知 實 | 思考, 意思, 思春期, 想像, 豫想, 假想, 理由, 一理, 理解, 討論, 論文, 言論, 意見, 意味, 意思疏通, 常識, 無識, 認識, 努力, 能力, 思考力, 未婚, 未完成, 未知, 知識, 知能, 親知, 實踐, 實感, 誠實 |
| 11 | 言語 | 言 語 用 法 館 店 話 談 記 作 | 言論, 言爭, 失言, 韓國語, 外國語, 單語, 利用, 活用, 費用, 法律, 法官, 國際法, 圖書館, 大使館, 體育館, 博物館, 書店, 百貨店, 露店, 本店, 話題, 對話, 弄談, 相談, 記錄, 日記, 作文, 作家 |
| 12 | 科學 | 發 見 技 術 非 不 進 科 利 | 出發, 發明, 發展, 意見, 偏見, 見學, 競技, 特技, 美術, 藝術, 非科學的, 非人間的, 非效率的, 不安, 不滿, 不足, 進步, 進行, 科學, 科目, 內科, 利用, 利益, 便利 |
| 13 | 부수I | 宀 木 氵 亻 雨 艹 見 | 家族, 教室, 住宅, 結果, 林野, 根本, 漢江, 洗手, 東海, 連休, 自信感, 位置, 白雪, 雲海, 電氣, 花園, 花草, 茶器, 視聽, 觀光, 親舊 |
| 14 | 부수II | 力 子 女 忄(心) 辶(辵) 言 灬(火) 口 | 勞力, 動物, 增加, 孫子, 孝子, 漢字, 未婚, 好意, 妻家, 人情, 感動, 想像, 前進, 交通, 道路, 外國語, 對話, 日記, 照明, 熱, 無料, 質問, 痛哭, 呼名 |

Chinese Characters

# Beginner

# Let's Learn Chinese Characters

## How Chinese characters are formed

There are three elements to form a Chinese character: character form, meaning, and sound. "Hun" is the Chinese character for meaning and "eum" is for sound. Let's read the following character.

The character is read "il" and it means "day." You need to know the form (日), how to read it (il), and also its meaning (day).

| 日 | 날<br>day | 일 |
|---|---|---|
| form | meaning | sound |

» Let's take a look at some other characters.

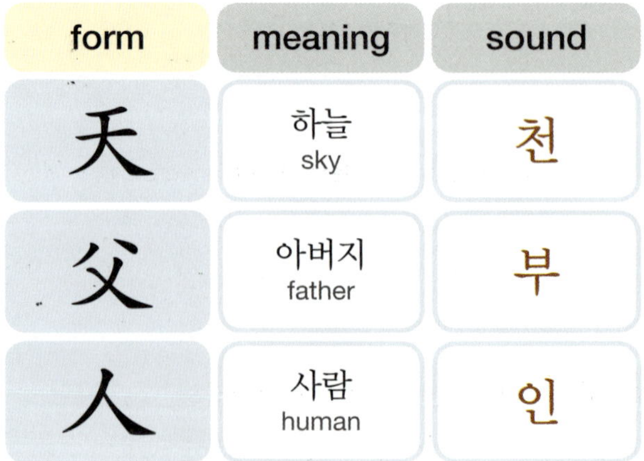

| form | meaning | sound |
|---|---|---|
| 天 | 하늘<br>sky | 천 |
| 父 | 아버지<br>father | 부 |
| 人 | 사람<br>human | 인 |

## How to write Chinese characters

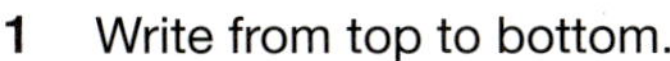
1 Write from top to bottom.

2 Write from left to right.

3 When two strokes cross write the horizontal strokes before the vertical ones.

4 When the left and right strokes are identical, write the center stroke before the symmetrical wings.

5 When a stroke crosses the center of other strokes, write the vertical stroke last.

6 Write from the outside in.

四

7 When a stroke crosses other strokes from left to right, write the horizontal stroke last.

子

8 Minor strokes, like the dot on the right, are written last.

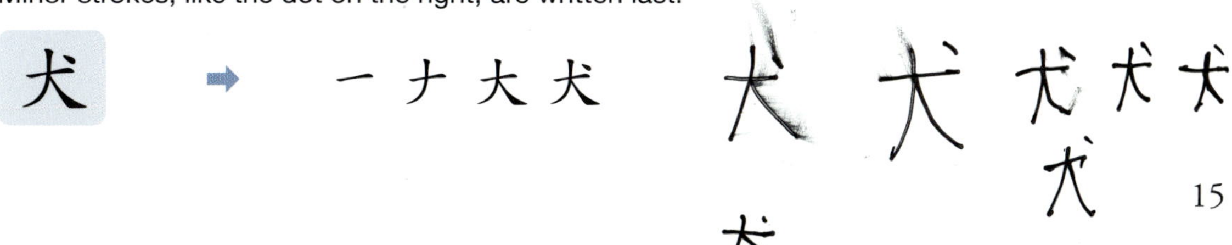

## How Chinese characters are created

1 **Pictographs**: A pictograph is a depiction of a material object.

아들 자
son

2 **Symbolics:** Symbolics refer to the formation of abstract characters with symbolizing signs.

위 상
up, above

3 **Ideographs:** Ideographs are compounds, composed of two or more existing characters.

쉬다 휴
to rest

4 **Phonetic-semantic compounds:** A phonetic compound consists of a semantic radical and a phonetic radical.

구멍
a hole (semantic radical)

공
(phonetic radical)

비다 공
to be empty

## How to use a dictionary of Chinese character

» Let's learn how to look up the following characters in a dictionary of Chinese character.

| number | ① | ② | ③ | ④ | ⑤ |
|---|---|---|---|---|---|
| Chinese characrters | 大 | 木 | 林 | 雨 | 雪 |
| meaning | 크다 big, large | 나무 tree | 숲 forest | 비 rain | 눈 snow |
| sound | 대 | 목 | 림(임) | 우 | 설 |
| radical | 大 | 木 | 木 | 雨 | 雨 |
| residual radical | 0 | 0 | 4 | 0 | 3 |
| total strokes | 3 | 4 | 8 | 8 | 11 |

1 **Searching by the sound**

When you know how a character is pronounced, you can look it up in a dictionary by its sound. It's listed in 가나다 order.

sound ㄱ－ㄴ－ㄷ－ㄹ－ㅁ－ㅂ－ㅅ－ㅇ－ㅈ－ㅊ－ㅋ－ㅌ－ㅍ－ㅎ

① 대 ③ 림 ② 목 ⑤ 설 ④ 우

2 **Searching by main radical and residual stroke count.**

When you don't know how a character is pronounced, you can search using the character's main radical and residual stroke count. The main radical is called "busu." There are 214 main radicals. You can look up radicals at the beginning of a dictionary. When characters have the same radicals, the one with less residual strokes comes first.

radical …大 －…木 －…林 －…雨 －…雪

① 大(大,0) ② 木(木,0) ③ 林(木,4) ④ 雨(雨,0) ⑤ 雪(雨,3)

3 **Searching by total strokes**

When you don't know either the sound or main radical of a character, you can search for the character by its total strokes. Total strokes include the number of strokes of the main radical.

total strokes 1－2－3－4－5－6－7－8 …－11－…

① 大(3) ② 木(4) ③ 林(8) ④ 雨(8) ⑤ 雪(11)

# 1. 숫자

## Getting Started

» Let's read the numbers.

52가 3108

39나2764

### Today's Characters

| | | |
|---|---|---|
| 一 하나 일 | 二 둘 이 | 三 셋 삼 |
| 四 넷 사 | 五 다섯 오 | 六 여섯 육 |
| 七 일곱 칠 | 八 여덟 팔 | 九 아홉 구 |
| 十 열 십 | 百 일백 백 | 千 일천 천 |
| 萬 일만 만 | | |

**One to Ten** | 1 - 10

| | 글자 모양<br>Character form | 뜻<br>Meaning | 소리<br>Sound |
|---|---|---|---|
| | 一 | 하나 | 일 |
| | | 一 | |
| | 二 | 둘 | 이 |
| | | 一 二 | |
| | 三 | 셋 | 삼 |
| | | 一 二 三 | |
| | 四 | 넷 | 사 |
| | | 丨 冂 冂 罒 四 | |
| | 五 | 다섯 | 오 |
| | | 一 丆 万 五 | |

**Let's read**

- 제 생일은 二월 一일입니다.
- 저는 대학교 三학년입니다.
- 한국은 四계절이 있습니다.
- 종로 五가에 갑니다.

| | 글자 모양<br>Character form | 뜻<br>Meaning | 소리<br>Sound |
|---|---|---|---|
| | 六 | 여섯 | 육 |
| | | 丶 亠 六 六 | |
| | 七 | 일곱 | 칠 |
| | | 一 七 | |
| | 八 | 여덟 | 팔 |
| | | 丿 八 | |
| | 九 | 아홉 | 구 |
| | | 丿 九 | |
| | 十 | 열 | 십 |
| | | 一 十 | |

**Let's read**

- 초등학교는 六학년까지 있습니다.
- 九월에 가을이 시작됩니다.
- 추석은 음력 八월 十五일입니다.

## • Hundred, Thousand, Ten Thousand | 백, 천, 만

일백 **백**
one hundred

一 丆 丆 百 百 百

- 백원 百 원 one hundred won
- 백과사전 百科事典 an encyclopedia

백원

일천 **천**
one thousand

丿 二 千

- 천원 千 원 one thousand won
- 천리안 千里眼 clairvoyance

천원

萬

일만 **만**
ten thousand

丶 丶 丷 艹 艹 芇 芇 苜 苜 萬 萬 萬 萬

- 만원 萬 원 ten thousand won
- 만수무강 萬壽無疆 long-lived life

만원

**Let's read**

- 버스비는 九百 원입니다.
- 점심값이 五千 원입니다.
- 세종대왕의 얼굴이 있는 돈은 萬 원입니다.

## Let's Practice

1 Fill in the blanks with the correct numbers.

(1)

(2) 七百 → 八百 → 九百 → 千 → 千一百

2 What time is it? Write the minutes in Chinese characters.

(1) 12:34 열두 시 三十四 분

(2) 7:25 일곱 시 二十五 분

3 How much is it? Write the answers in Chinese characters.

(1) 

二萬五千 원

(2) 

千[illegible]七百五十 원

4 Write the room number or bus number in Chinese characters.

______

## Practice the Chinese characters you learned today.

| 한자 | 훈음 | 필순 | 부수 | 총획 |
|---|---|---|---|---|
| 一 | 하나 일 | 一 | 부수 一 | 총 1획 |
| 二 | 둘 이 | 一 二 | 부수 二 | 총 2획 |
| 三 | 셋 삼 | 一 二 三 | 부수 一 | 총 3획 |
| 四 | 넷 사 | 丨 冂 冂 四 四 | 부수 口 | 총 5획 |
| 五 | 다섯 오 | 一 丆 五 五 | 부수 二 | 총 4획 |
| 六 | 여섯 육 | 丶 亠 六 六 | 부수 八 | 총 4획 |
| 七 | 일곱 칠 | 一 七 | 부수 一 | 총 2획 |
| 八 | 여덟 팔 | 丿 八 | 부수 八 | 총 2획 |
| 九 | 아홉 구 | 丿 九 | 부수 乙 | 총 2획 |
| 十 | 열 십 | 一 十 | 부수 十 | 총 2획 |
| 百 | 일백 백 | 一 丆 丆 百 百 百 | 부수 白 | 총 6획 |
| 千 | 일천 천 | 丿 二 千 | 부수 十 | 총 3획 |
| 萬 | 일만 만 | 丶 十 艹 艹 艹 芇 芇 苩 苩 萬 萬 萬 萬 | 부수 艹(艸) | 총 13획 |

# 2. 날짜와 요일

» Let's talk about dates and days of the week looking at a calendar.

**2010**
CALENDAR

3月 March

| 月 | 火 | 水 | 木 | 金 | 土 | 日 |
|---|---|---|---|---|---|---|
| | 1 | 2 | 3 | 4 | 5 | 6 |
| 7 | 8 | 9 | 10 | 11 | 12 | 13 |
| 14 | 15 | 16 | 17 | 18 | 19 | 20 |
| 21 | 22 | 23 | 24 | 25 | 26 | 27 |
| 28 | 29 | 30 | 31 | | | |

## Today's Characters

日 날 일

月 달 월

火 불 화

水 물 수

木 나무 목

金 쇠 금

土 흙 토

年 해 년/연

時 때 시

分 나누다 분

## • Nature and Days of the Week | 자연과 요일

날, 해 **일**
a day, the sun

丨 冂 日 日

- 일기 日記 diary
- 일출 日出 a sunrise
- 생일 生日 birthday

일출

---

月

달 **월**
the moon

丿 刀 月 月

- 월출 月出 moonrise
- 월급 月給 monthly salary
- 월요일 月曜日 Monday

월출

---

불 **화**
fire

丶 丷 少 火

- 화재 火災 a fire
- 화상 火傷 a burn
- 화산 火山 volcano

화재

---

물 **수**
water

亅 刁 水 水

- 수영 水泳 swimming
- 수도 水道 water service
- 생수 生水 spring water

수영

### Let's read

- 나는 매주 月曜(요)日과 水曜(요)日에 水泳(영)을 배운다.
- 이번 주 火曜(요)日은 내 生(생)日이다.

木

나무 목

a tree

一 十 才 木

- 목수 木手 a carpenter
- 목마 木馬 a wooden horse
- 식목일 植木日 Arbor Day

목마

金

쇠 금

iron, metal

丿 人 𠆢 亼 仐 仒 余 金

- 금색 金色 a golden color
- 요금 料金 a fee, a charge
- 등록금 登錄金 a registration fee

금색

土

흙 토

earth, soil

一 十 土

- 토지 土地 land
- 국토 國土 a country
- 토요일 土曜日 Saturday

토지

**Let's read**

- 4월 5일은 植木日(식)이다.
- 매월 25일은 전화 料(요)金 내는 날이다.
- 한국은 國(국)土가 작지만 발전한 나라이다.

## • Year, Month, Day | 년, 월, 일

年

해 **년/연**
a year

丿 𠂉 𠂉 𠂉 𠂉 年

- 연세 年歲 age
- 연말 年末 the year-end
- 매년 每年 every year

연말

> **Tip**
> Originally, 年 is read [년] and written "년."
> When 年 is used as the first letter, it is read [연] and written "연."

## • Time | 시간

時

때 **시**
time

丨 冂 冃 日 日一 日十 日土
日土 時 時

- 시간 時間 time
- 시계 時計 a clock, a watch
- 일시 日時 day and time

시계

나누다 **분**
to divide

丿 八 分 分

- 분수 分數 a fraction
- 11시 55분 11時 55分 eleven fifty-five
- 분야 分野 a sphere (of study)

11시 55분

### Let's read

- 내 생년월일은 千九百八十五年 七月 三十一日이다.
- 時間(간) 있으면 차나 한잔 합시다.
- 지금은 5時 30分이다.

## Let's Practice

**1** Look at the calendar and answer the questions.

4月

| 日 | 月 | 火 | 水 | 木 | 金 | 土 |
|---|---|---|---|---|---|---|
| 1 | 2 | 3 | 4 | 5 植木日 | 6 | 7 |
| 8 | 9 | 10 | 11 | 12 | 13 | 14 |
| 15 | 16 生日 | 17 | 18 | 19 | 20 | 21 |
| 22 | 23 | 24 | 25 月給 | 26 | 27 | 28 |
| 28 | 30 登錄金 | 31 | | | | |

(1) 생일은 몇 월 며칠입니까?

(2) 월급을 받는 날은 몇 월 며칠입니까?

(3) 4월 17일은 무슨 요일입니까?

**2** Match the Chinese characters with the words having the meaning of.

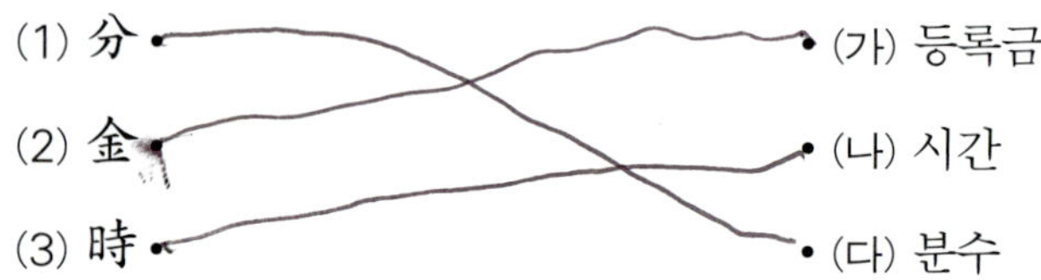

(1) 分 • • (가) 등록금

(2) 金 • • (나) 시간

(3) 時 • • (다) 분수

**3** Fill in the blanks with the correct Chinese character from the box below.

| ① 金 | ② 日 | ③ 水 | ④ 月 | ⑤ 火 | ⑥ 年 | ⑦ 木 |
|---|---|---|---|---|---|---|

(1) 생일( 生□ ) 때 친구에게 예쁜 일기(□記 ) 공책을 받았다.

(2) 팔월(八□) 삼십일( 三十□) 목요일(□曜□)에 만납시다.

(3) 이번 달 수도(□道 ) 요금( 料□)이 너무 많이 나왔다.

## Practice the Chinese characters you learned today.

| 한자 | 필순 / 부수·획수 |
|---|---|
| 日 날 일 | 丨 冂 日 日 |
| | 부수 日 총 4획 |
| 月 달 월 | 丿 冂 月 月 |
| | 부수 月 총 4획 |
| 火 불 화 | 丶 丷 少 火 |
| | 부수 火 총 4획 |
| 水 물 수 | 亅 才 水 水 |
| | 부수 水 총 4획 |
| 木 나무 목 | 一 十 才 木 |
| | 부수 木 총 4획 |
| 金 쇠 금 | 丿 人 亼 今 全 余 金 金 |
| | 부수 金 총 8획 |
| 土 흙 토 | 一 十 土 |
| | 부수 土 총 3획 |
| 年 해 년/연 | 丿 𠂉 𠂇 年 |
| | 부수 干 총 6획 |
| 時 때 시 | 丨 冂 日 日 日一 日十 日土 日寺 時 時 |
| | 부수 日 총 10획 |
| 分 나누다 분 | 丿 八 分 分 |
| | 부수 刀 총 4획 |

# 3. 크기와 위치

## Getting Started

» How would you describe the sizes of the following things in Chinese characters?

### Today's Characters

| | | |
|---|---|---|
| 大 크다 대 | 小 작다 소 | 多 많다 다 |
| 少 적다 소 | 長 길다 장 | 短 짧다 단 |
| 高 높다 고 | 低 낮다 저 | 內 안 내 |
| 外 바깥 외 | 出 나가다 출 | 入 들어가다 입 |

**• Sizes, Quantities** | 크기, 양

크다 **대**
to be big, large

一 ナ 大

- 대형 大型 a large (full) size
- 대기업 大企業 a large enterprise
- 대학교 大學校 a university

대형 크레인

小

작다 **소**
to be small

亅 小 小

- 소형 小型 a small size
- 중소기업 中小企業 a small or medium sized enterprise

소형차

多

많다 **다**
to be many, much

ノ ク タ 夕 多 多

- 다량 多量 much quantity
- 대다수 大多數 a large majority
- 삼다도 三多島 another name for Jeju Island

삼다도(제주도)

적다 **소**
to be few

亅 小 小 少

- 소량 少量 a small quantity
- 소년 少年 a boy

소년

**Let's read**

- 나는 大學(학)을 졸업한 후 大企業(기업)에 다니고 싶다.
- 기름 값이 올라서 小型車(형차)를 사는 사람이 많아졌다.

## • Length, Height | 길이, 높이

# 長

길다 **장**
to be long

- 장신 長身 a high stature
- 장거리 長距離 a long distance
- 사장 社長 the president of a company

장거리 마라톤

# 短

짧다 **단**
to be short

- 단신 短身 short (small) stature
- 단거리 短距離 a short distance

단신

※ 長 and 短 are also used to mean "good" and "bad." ( 장점 長點 a merit / 단점 短點 a weak point )

# 高

높다 **고**
to be high

- 고급 高級 a high class (grade)
- 고층 高層 upper floors
- 고등학교 高等學校 high school

고층건물

# 低

낮다 **저**
to be low

- 저급 低級 low class (grade)
- 저층 低層 low-rise
- 저혈압 低血壓 low blood pressure

저층

### Let's read

- 서울에는 高層(층) 건물이 많다.
- 그 농구팀에는 長身(신) 선수가 많다.
- 나는 한국에 온 지 얼마 안 돼서 한국어 低級(급) 반에 다닌다.

## • Inside and Outside | 안과 밖

안 **내**
the inside

丨 冂 冂 内

- 실내 室内 indoor
- 내과 内科 internal medicine
- 국내 國内 domestic

실내

外

바깥 **외**
the outside

ノ ク タ 夕 外

- 실외 室外 outdoor
- 외과 外科 surgery
- 외국 外國 a foreign country

외국

나가다 **출**
to go out

丨 屮 屮 出 出

- 출구 出口 an exit
- 외출 外出 going out
- 출발 出發 departure

출구

들어가다 **입**
to enter

ノ 入

- 입구 入口 an entrance
- 입학 入學 entering a school
- 수입 收入 an income

입구

### Let's read

- 감기에 걸려 内科(과)에 갔다.
- 지하철 3번 出口(구)로 나오면 큰 서점이 보여요.
- 길을 물어보는 外國人(국 인)에게 길을 가르쳐 주었다.

## Let's Practice

1 Fill in the blanks with the correct Chinese character from the box below.

| ①長 | ②大 | ③高 | ④小 | ⑤多 | ⑥入 | ⑦少 |
|---|---|---|---|---|---|---|

(1) 고등학교 (□等學校)

(2) 장신 (□身)

(3) 소년 (□年)

(4) 입구 (□口)

(5) 대학교 (□學校)

2 Fill in the blanks with the correct Chinese character, meaning or sound.

| | 한자 | 뜻 (meaning) | 음 (sound) |
|---|---|---|---|
| (1) | 短 | | |
| (2) | | 많다 | 다 |
| (3) | | 바깥 | |
| (4) | 少 | | 소 |

3 Match the Chinese characters with the opposite meaning.

| | |
|---|---|
| (1) 長 • | • (가) 外 |
| (2) 少 • | • (나) 入 |
| (3) 內 • | • (다) 多 |
| (4) 低 • | • (라) 短 |
| (5) 大 • | • (마) 小 |
| (6) 出 • | • (바) 高 |

## Practice the Chinese characters you learned today.

| 한자 | 뜻·음 | 필순 | 부수 | 총획 | 따라 쓰기 |
|---|---|---|---|---|---|
| 大 | 크다 대 | 一 ナ 大 | 부수 大 | 총 3획 | 大 大 |
| 小 | 작다 소 | 亅 亅 小 | 부수 小 | 총 3획 | 小 小 |
| 多 | 많다 다 | ノ ク 夕 夕 多 多 | 부수 夕 | 총 6획 | 多 多 |
| 少 | 적다 소 | 亅 亅 小 少 | 부수 小 | 총 4획 | 少 少 |
| 長 | 길다 장 | 一 厂 F F 툰 镸 镸 長 | 부수 長 | 총 8획 | 長 長 |
| 短 | 짧다 단 | ノ 𠂉 ⺈ 午 矢 矢 矢 知 知 知 短 短 | 부수 矢 | 총 12획 | 短 短 |
| 高 | 높다 고 | 丶 亠 亠 亠 亠 亠 高 高 高 高 | 부수 高 | 총 10획 | 高 高 |
| 低 | 낮다 저 | ノ 亻 亻 仁 仜 低 低 | 부수 亻(人) | 총 7획 | 低 低 |
| 内 | 안 내 | 丨 冂 冂 内 | 부수 入 | 총 4획 | 内 内 |
| 外 | 바깥 외 | ノ ク 夕 夕 外 | 부수 夕 | 총 5획 | 外 外 |
| 出 | 나가다 출 | 丨 屮 屮 出 出 | 부수 凵 | 총 5획 | 出 出 |
| 入 | 들어가다 입 | ノ 入 | 부수 入 | 총 2획 | 入 入 |

# 4. 방향

## Getting Started

» Where's the child sitting? Which direction is he looking at? Describe the position and direction.

### Today's Characters

| | | |
|---|---|---|
| 上 위 상 | 中 가운데 중 | 下 아래 하 |
| 前 앞 전 | 後 뒤 후 | 左 왼 좌 |
| 右 오른 우 | 東 동쪽 동 | 西 서쪽 서 |
| 南 남쪽 남 | 北 북쪽 북 | |

**• Up, Middle, Down** | 위, 가운데, 아래

上

위 **상**

on, up, above

丨 ⺊ 上

- 상의 上依 a jacket
- 인상 引上 raise, increase
- 향상 向上 improvement, betterment

상의

가운데 **중**

middle

丶 ㄇ 口 中

- 중간 中間 middle, midterm
- 중국 中國 China
- 중고 中古 secondhand

중국

아래 **하**

down

一 丅 下

- 지하 地下 underground, basement
- 지하철 地下鐵 the subway
- 영하 零下 sub-zero

지하철

**Let's read**

- 다음 달부터 월급이 引上(인)됩니다.
- 中間(간) 시험이 다음 주예요.
- 地(지)下鐵(철)을 타야 해요.

## Direction | 방향

**前**
앞 전
front

丶 丷 䒑 䒑 𠦝 前 前 前 前

- 오전 午前 the morning, a.m.
- 전생 前生 one's former life
- 전반 前半 the first half

오전

**後**
뒤 후
back

丿 彡 彳 彳 彳 彳 彳 後 後

- 오후 午後 afternoon
- 이후 以後 after this
- 최후 最後 the last

오후

**左**
왼 좌
left

一 ナ 𠂇 左 左

- 좌회전 左回轉 turning left
- 좌측 左側 left side
- 좌뇌 左腦 left brain

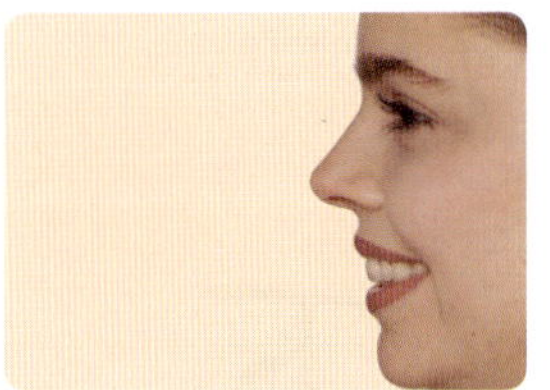
좌측 얼굴

**右**
오른 우
right

丿 ナ 𠂇 右 右

- 우회전 右回轉 turning right
- 좌우 左右 left and right

우회전

### Let's read

- 저기에서 右回轉(회전) 해주세요.
- 午(오)前에 일을 마쳐야 해요. 午(오)後에는 다른 일이 있어요.
- 수업 시작하기 前에 숙제를 내세요.

## • East, West, South, North | 동서남북

**東**
동쪽 **동**
east

- 동해 東海 the East Sea
- 동대문 東大門 Dongdaemun (the East Gate of Seoul)
- 중동 中東 the Middle East

동대문

**西**
서쪽 **서**
west

- 서해 西海 the west sea, the Yellow Sea
- 서양 西洋 the West

서해대교

**南**
남쪽 **남**
south

- 남대문 南大門 Namdaemun (the South Gate of Seoul)
- 남한 南韓 South Korea
- 동남아 東南亞 Southeast Asia

남대문시장

**北**
북쪽 **북**
north

- 북한 北韓 North Korea
- 북두칠성 北斗七星 the Great Bear, Ursa Major

북두칠성

### Let's read

- 이번 휴가에는 東海(해)로 갈 거예요.
- 저는 요즘 西洋(양) 역사에 대한 책을 읽고 있어요.
- 저는 南大門(문) 시장이나 東大門(문) 시장에 가는 것을 좋아해요.

## Let's Practice

1 Look at the map and fill in the blanks with the correct Chinese character.

| ① 東 | ② 西 | ③ 南 | ④ 北 |
|---|---|---|---|

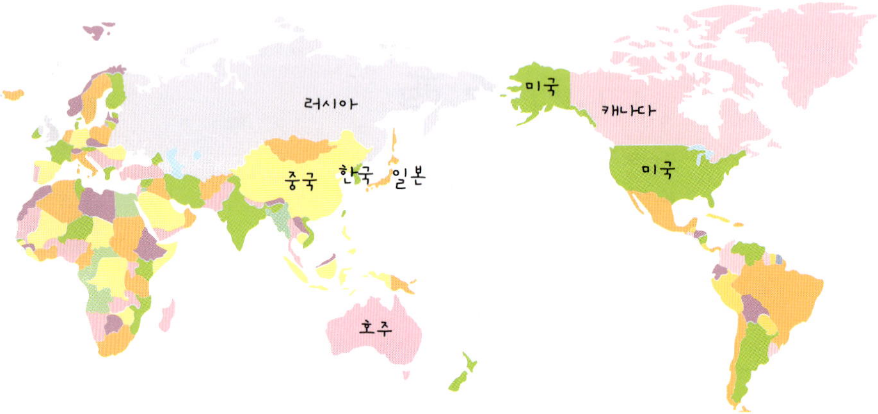

한국의 □쪽에는 일본이 있고 □쪽에는 중국이 있습니다. □쪽에는 러시아가 있고 □쪽에는 호주가 있습니다.

2 Which direction is the following sentences saying? Write the correct Chinese character from the examples.

| ① 前 | ② 後 | ③ 左 | ④ 右 | ⑤ 左右 |
|---|---|---|---|---|

(1) 우리집 앞에 큰 슈퍼마켓이 있습니다. (　　　　)

(2) 제 왼쪽, 오른쪽 옆 자리에 모두 일본 학생이 앉아 있습니다. (　　　　)

(3) 길을 건널 때 왼쪽, 오른쪽을 모두 잘 보고 건너야 합니다. (　　　　)

(4) 건물 뒤에 작은 산이 있습니다. (　　　　)

(5) 오른쪽 팔이 아파요. (　　　　)

(6) 저기서 좌회전 해주세요. (　　　　)

Practice the Chinese characters you learned today.

| 한자 | 획순 / 부수 / 총획 |
|---|---|
| 上 위 상 | 丨 ⺊ 上 / 부수 一 / 총 3획 |
| 中 가운데 중 | 丶 口 口 中 / 부수 丨 / 총 4획 |
| 下 아래 하 | 一 丅 下 / 부수 一 / 총 3획 |
| 前 앞 전 | 丶 丷 䒑 产 𫇦 肙 前 前 前 / 부수 刂(刀) / 총 9획 |
| 後 뒤 후 | 丿 彳 彳 彳 𢓜 𢓜 後 後 後 / 부수 彳 / 총 9획 |
| 左 왼 좌 | 一 ナ 𠂇 左 左 / 부수 工 / 총 5획 |
| 右 오른 우 | 丿 ナ 𠂇 右 右 / 부수 口 / 총 5획 |
| 東 동쪽 동 | 一 𠂇 𠃌 戸 百 申 東 東 / 부수 木 / 총 8획 |
| 西 서쪽 서 | 一 𠂇 𠃌 丙 两 西 / 부수 襾 / 총 6획 |
| 南 남쪽 남 | 一 十 𠂇 冇 冇 冇 南 南 南 / 부수 十 / 총 9획 |
| 北 북쪽 북 | 丨 丬 丬 北 北 / 부수 匕 / 총 5획 |

# 5. 자연과 인간

## Getting Started

» Nature gives a lot of influences on people's life. Let's look at the beautiful nature around us.

### Today's Characters

| | | |
|---|---|---|
| 天 하늘 천 | 地 땅 지 | 江 강 강 |
| 山 산 산 | 海 바다 해 | 林 숲 림/임 |
| 川 내 천 | 石 돌 석 | 星 별 성 |
| 人 사람 인 | 間 사이 간 | |

**• Nature | 자연**

# 天

하늘 **천**
the sky

一 二 チ 天

- 천국 天國 heaven
- 천사 天使 an angel
- 천재 天才 a genius

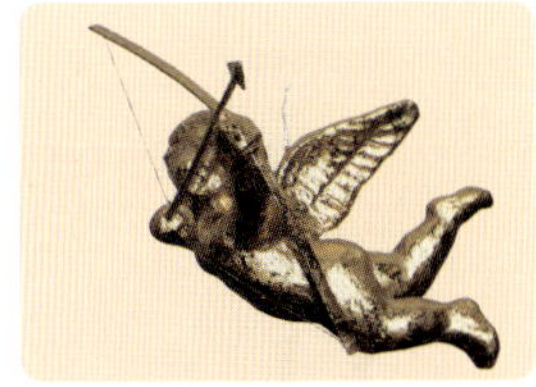

천사

# 地

땅 **지**
the earth

一 十 土 圠 圵 地

- 지하철 地下鐵 subway
- 지도 地圖 a map
- 지진 地震 an earthquake

지도

# 江

강 **강**
a river

丶 丶 氵 汀 江 江

- 한강 漢江 the Han river
- 강남 江南 the south of a river

한강

# 山

산 **산**
a mountain

丨 凵 山

- 등산 登山 mountain climbing
- 설악산 雪嶽山 Mt. Seorak

등산

**Let's read**

- 내 친구는 天使(사)처럼 착하다.
- 地下鐵(철)은 빠르고 편리하다.
- 내일 친구와 登(등)山을 가기로 했다.

海

바다 **해**

the sea

丶 冫 氵 氵 氵 氵 浐 海 海 海

- 동해 東海 the East Sea
- 해물 海物 seafood
- 해군 海軍 the navy

해물 시장

숲 **림/임**

forest

一 十 才 木 木 杠 村 材 林

- 산림 山林 a forest
- 임업 林業 forestry

산림

내 **천**

a stream

丿 川 川

- 산천 山川 mountains and streams, nature
- 인천 仁川 Incheon
- 청계천 清溪川 Cheonggye stream

청계천

**Let's read**

- 이번 여름 방학에는 東海로 여행을 갈까 한다.
- 山林을 보호해야 한다.
- 清溪川(청계)에 놀러가서 사진을 많이 찍었다.

石
돌 **석**
a stone

一 丆 不 石 石

- 석탑 石塔 a stone tower
- 보석 寶石 a jewel
- 자석 磁石 a magnet

석탑

星
별 **성**
a star

丨 冂 日 日 旦 早 星 星 星

- 화성 火星 Mars
- 위성 衛星 a satellite
- 북극성 北極星 the polar star

인공위성

## • Human | 인간

人
사람 **인**
person

丿 人

- 인생 人生 life
- 외국인 外國人 a foreigner
- 개인 個人 an individual

개인택시

間
사이 **간**
a space, an interval

丨 冂 冂 門 門 門 門 門 門 問 間 間

- 시간 時間 time, an hour
- 공간 空間 space
- 간식 間食 a snack, eating between meals

간식

### Let's read

- 경주에 여행 가서 오래된 石塔(탑)을 구경했다.
- 한국어를 배우면서 다른 많은 外國(국)人을 만났다.
- 약속 時間에 늦어서 친구가 화를 냈다.

## Let's Practice

1 Match the Chinese characters with the correct words.

| | |
|---|---|
| (1) 石 • | • (가) 청계천 |
| (2) 川 • | • (나) 해물 |
| (3) 地 • | • (다) 보석 |
| (4) 海 • | • (라) 지하철 |
| (5) 人 • | • (마) 외국인 |

2 Fill in the blanks with the correct Chinese character, meaning, or sound.

| | 한자 | 뜻 (meaning) | 음 (sound) |
|---|---|---|---|
| (1) | 間 | | |
| (2) | | 하늘 | 천 |
| (3) | 星 | 별 | |
| (4) | | 숲 | |

3 Fill in the blanks with the correct Chinese character from the box below.

| ① 天 | ② 間 | ③ 石 | ④ 江 | ⑤ 山 |
|---|---|---|---|---|

(1) 시간(時□) 있으면 차나 함께 마실까요?

(2) 어제는 날씨가 좋아서 한강(한□)에서 배를 탔다.

(3) 등산(登□)을 하면 건강에도 좋고 아름다운 경치도 볼 수 있다.

Practice the Chinese characters you learned today.

| 한자 | 필순 / 부수·획수 | 따라 쓰기 | |
|---|---|---|---|
| 天<br>하늘 천 | 一 二 チ 天<br>부수 大<br>총 4획 | 天 | 天 |
| 地<br>땅 지 | 一 十 土 圠 地 地<br>부수 土<br>총 6획 | 地 | 地 |
| 江<br>강 강 | 丶 冫 氵 汀 江 江<br>부수 氵(水)<br>총 6획 | 江 | 江 |
| 山<br>산 산 | 丨 山 山<br>부수 山<br>총 3획 | 山 | 山 |
| 海<br>바다 해 | 丶 冫 氵 氵 汇 汇 海 海 海 海<br>부수 氵(水)<br>총 10획 | 海 | 海 |
| 林<br>숲 림/임 | 一 十 才 木 木 村 材 林<br>부수 木<br>총 8획 | 林 | 林 |
| 川<br>내 천 | 丿 川 川<br>부수 川<br>총 3획 | 川 | 川 |
| 石<br>돌 석 | 一 丆 不 石 石<br>부수 石<br>총 5획 | 石 | 石 |
| 星<br>별 성 | 丨 冂 日 日 尸 旦 旦 昇 星<br>부수 日<br>총 9획 | 星 | 星 |
| 人<br>사람 인 | 丿 人<br>부수 人<br>총 2획 | 人 | 人 |
| 間<br>사이 간 | 丨 卩 卩 戶 門 門 門 門 門 間 間 間<br>부수 門<br>총 12획 | 間 | 間 |

# 6. 신체

## Getting Started

» This is a picture of human body. What are the names for each part?

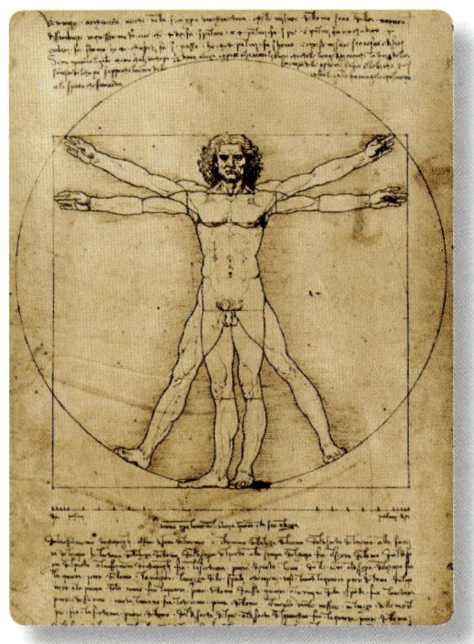

### Today's Characters

| | | |
|---|---|---|
| 耳 귀 이 | 目 눈 목 | 口 입 구 |
| 鼻 코 비 | 手 손 수 | 足 발 족 |
| 齒 이 치 | 血 피 혈 | 骨 뼈 골 |
| 肉 고기 육 | 心 마음 심 | 身 몸 신 |

Let's learn

**• Face** | 얼굴

## 耳

귀 **이**
an ear

一 丅 F F 𧾷 耳

- 내이 内耳 an inner ear
- 중이염 中耳炎 ear infection, tympanitis
- 외이 外耳 an external ear

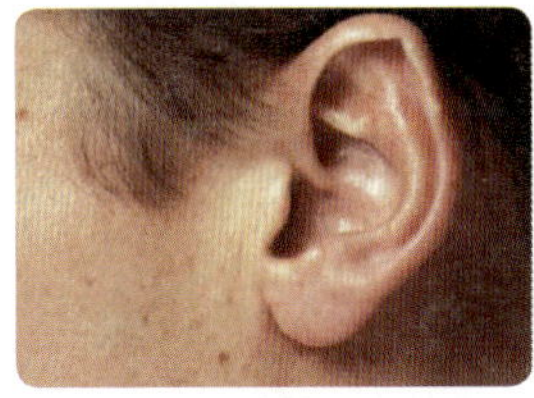

외이

##  目

눈 **목**
an eye

丨 冂 月 月 目

- 안목 眼目 a discerning eye
- 이목 耳目 the ear and eye, public attention
- 목격자 目擊者 an eyewitness

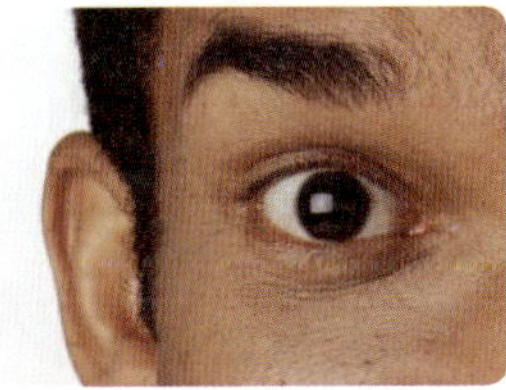

이목

##  口

입 **구**
a mouth

丨 冂 口

- 식구 食口 family members
- 인구 人口 population
- 출구 出口 an exit, gate to go out

출구

##  鼻

코 **비**
a nose

丿 亻 白 白 自 自 自 畠 畠 畠 畠 畠 鼻 鼻

- 이목구비 耳目口鼻 ear, eye, mouth and nose / face
- 이비인후과 耳鼻咽喉科 an ear, nose and throat clinic

이비인후과

**Let's read**

- 그 사람은 영화배우처럼 耳目口鼻가 잘 생겼다.
- 목감기가 심해서 耳鼻咽喉科(인후과)에 갑니다.

## • Body Parts | 신체부위

손 수
a hand

一 二 三 手

- 수건 手巾 a towel
- 세수 洗手 face washing
- 악수 握手 a handshake

악수

---

足

발 족
a foot

口 足

- 족적 足跡 a footprint, traces
- 족구 足球 volleyball using the foot

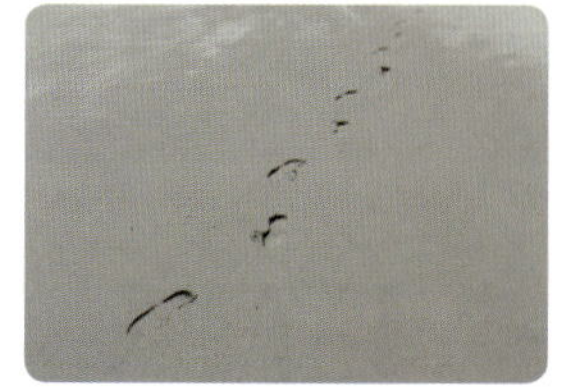

족적

---

齒

이 치
a tooth

齒

- 치과 齒科 dentistry
- 충치 蟲齒 a decayed tooth, cavity
- 치통 齒痛 toothache

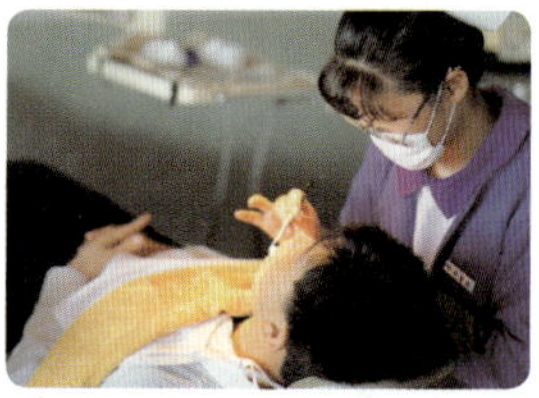

치과

---

血

피 혈
blood

血

- 혈액 血液 blood
- 혈액형 血液型 blood type
- 헌혈 獻血 blood donation

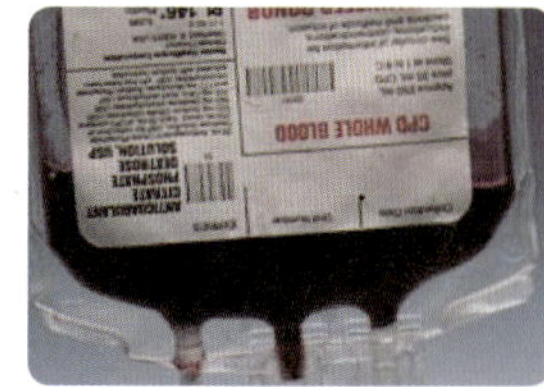

혈액

---

### Let's read

- 洗手(세) 다 했는데 手巾(건)이 없네요.
- 蟲齒(충)가 생겨서 齒科(과)에 갔습니다.
- 血液型(액 형)이 O형인 사람의 獻血(헌)을 기다립니다!

骨

뼈 **골**

a bone

丨 冂 冎 冎 冎 冎 冎 骨 骨 骨

- 골절 骨折 a skeletal fracture
- 골격 骨格 frame, bone structure
- 해골 骸骨 a skeleton, bones

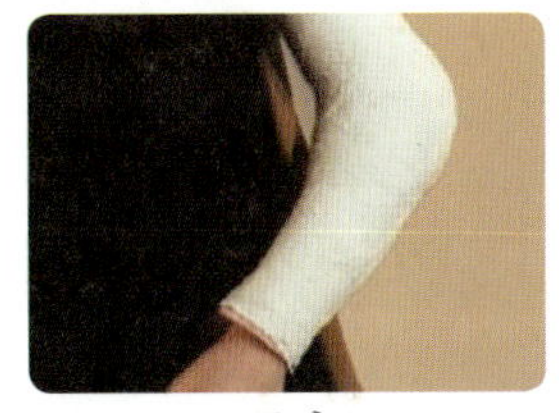

골절

肉

고기 **육**

flesh, meat

丨 冂 内 内 肉 肉

- 육식 肉食 a meat diet
- 육체 肉體 the flesh, the body

육식동물

## • Body and Mind | 몸과 마음

心

마음 **심**

mind

丶 心 心 心

- 심장 心臟 the heart
- 심리 心理 psychology
- 욕심 慾心 greed

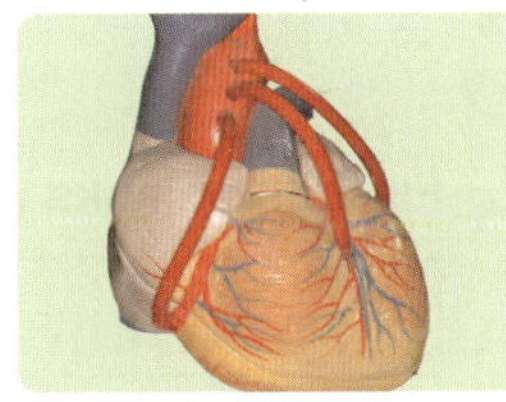

심장

身

몸 **신**

body

丿 亻 亣 自 自 身 身

- 신체 身體 the (human) body
- 신장 身長 one's height

신장

**Let's read**

- 肉食(식)은 건강에 안 좋다고 합니다.
- 너무 慾(욕)心 부리면 心身에 병이 생길 수 있어요.
- 그 친구는 身長이 커서 농구할 때 좋아요.

## Let's Practice

1 Write the correct Chinese character for each part in the picture below.

| ① 耳 | ② 目 | ③ 口 | ④ 鼻 |
|---|---|---|---|

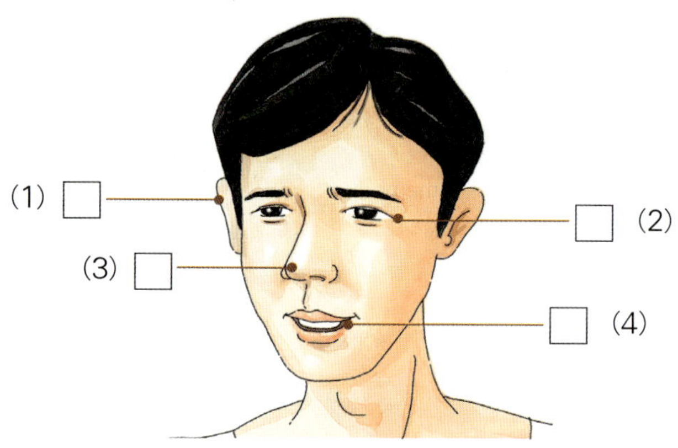


2 Fill in the blanks with the correct Chinese character from the box below.

| ① 骨 | ② 心 | ③ 手 | ④ 身 | ⑤ 足 | ⑥ 肉 |
|---|---|---|---|---|---|

(1) 손과 발 ( □□ )　　　(2) 마음과 몸 ( □□ )

3 Match the Chinese characters with the correct meaning and sound.

| 〈글자〉 | 〈뜻〉 | 〈소리〉 |
|---|---|---|
| (1) 齒 • | • ㉮ 살 • | • ㉠ 골 |
| (2) 肉 • | • ㉯ 이 • | • ㉡ 치 |
| (3) 血 • | • ㉰ 뼈 • | • ㉢ 혈 |
| (4) 骨 • | • ㉱ 피 • | • ㉣ 육 |

Practice the Chinese characters you learned today.

|  |  |  |  |
| --- | --- | --- | --- |
| 耳 | 귀 이 | 부수 耳 | 총 6획 |
| 目 | 눈 목 | 부수 目 | 총 5획 |
| 口 | 입 구 | 부수 口 | 총 3획 |
| 鼻 | 코 비 | 부수 鼻 | 총 14획 |
| 手 | 손 수 | 부수 手 | 총 4획 |
| 足 | 발 족 | 부수 足 | 총 7획 |
| 齒 | 이 치 | 부수 齒 | 총 15획 |
| 血 | 피 혈 | 부수 血 | 총 6획 |
| 骨 | 뼈 골 | 부수 骨 | 총 10획 |
| 肉 | 고기 육 | 부수 肉 | 총 6획 |
| 心 | 마음 심 | 부수 心 | 총 4획 |
| 身 | 몸 신 | 부수 身 | 총 7획 |

# 7. 색깔과 사물

## Getting Started

» What's your favorite color? Talk about the colors you like.

### Today's Characters

| | | |
|---|---|---|
| 色 색 색 | 赤 붉다 적 | 黄 누렇다 황 |
| 青 푸르다 청 | 綠 초록 록/녹 | 黑 검다 흑 |
| 白 희다 백 | 物 물건 물 | 衣 옷 의 |
| 車 차 차 | 刀 칼 도 | |

**Color** | 색깔

## 色

색 **색**
color

丿 ⺈ ⺈ 㔾 ⺈ 色

- 황색 黃色 the color yellow
- 염색 染色 dyeing

염색

## 赤

붉다 **적**
red

一 十 土 𡗗 赤 赤 赤

- 적십자 赤十字 red cross
- 적외선 赤外線 infrared rays
- 적자 赤字 red figures, a loss

적십자

## 黃

누렇다 **황**
yellow

一 十 廾 廾 艹 艹 苎 苎 苗 苗 黄 黃

- 황사 黃砂 yellow dust
- 황금 黃金 gold
- 황혼 黃昏 dusk

황사

**Let's read**

- 어제 미장원에 가서 머리를 染色(염)했다.
- 黃砂(사)가 부니까 밖에 나가지 마세요.

## 青

푸르다 **청**
blue

一 二 丰 主 丰 青 青 青

- 청와대 青瓦臺 Cheongwadae (the Korean Presidential Mansion)
- 청소년 青少年 young boys and girls

청와대

## 

초록 **록/녹**
green

- 녹차 綠茶 green tea
- 초록색 草綠色 the color green

녹차

## 

검다 **흑**
black

- 흑백 黑白 black and white
- 흑심 黑心 a black heart, evil intentions

흑백사진

## 

희다 **백**
white

- 백조 白鳥 a swan
- 백포도주 白葡萄酒 white wine

백조

**Let's read**

- 한국 대통령의 집은 지붕이 파래서 青瓦臺예요.
  (와 대)
- 생선을 먹을 때는 白葡萄酒가 좋아요.
  (포 도 주)

## • Objects | 사물

# 物

물건 **물**

things

丿 ⺈ 牛 牛 牜 牞 物 物

- 박물관 博物館 a museum
- 식물 植物 a plant
- 물건 物件 a thing, goods

식물

# 衣

옷 **의**

clothes

丶 亠 ナ 𫝀 衣 衣

- 상의 上衣 a coat, a jacket
- 탈의실 脫衣室 a dressing (changing) room
- 의류 衣類 clothing

의류

# 車

차 **차**

car

一 𠂇 币 百 亘 亘 車

- 자동차 自動車 a car
- 주차장 駐車場 a parking lot

주차장

# 刀

칼 **도**

knife

𠃌 刀

- 과도 果刀 a fruit knife
- 죽도 竹刀 a bamboo sword

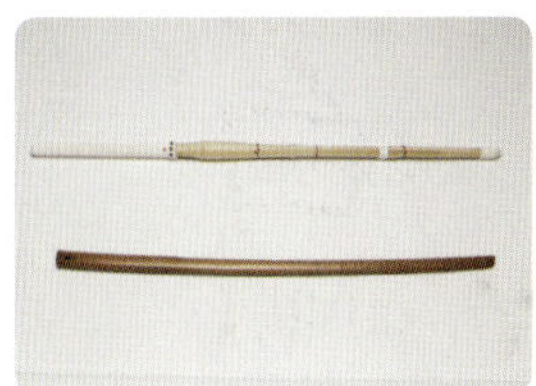

죽도

### Let's read

- 博物館(박물관)에서 여러 가지 옛날 물건을 봤어요.
- 여성 衣類(의류)는 3층에 있습니다.
- 지하 駐車場(주차장)에 차를 세웠어요.

## Let's Practice

1 Write the correct character for each color.

① 赤　② 黃　③ 綠　④ 黑　⑤ 靑　⑥ 白

| | 색깔 | 한자 | | 색깔 | 한자 |
|---|---|---|---|---|---|
| (1) | | | (4) | | |
| (2) | | | (5) | | |
| (3) | | | (6) | | |

2 Match each Chinese characters with its meaning and correct reading.

| | | |
|---|---|---|
| (1) 衣 • | • ㉮ 물건 • | • ㉠ 물 |
| (2) 刀 • | • ㉯ 색 • | • ㉡ 도 |
| (3) 車 • | • ㉰ 옷 • | • ㉢ 차 |
| (4) 物 • | • ㉱ 차 • | • ㉣ 색 |
| (5) 色 • | • ㉲ 칼 • | • ㉤ 의 |

Practice the Chinese characters you learned today.

| 한자 | 필순 / 부수 / 총획 |
|---|---|
| 色 색 색 | 丿 ⺈ 仌 名 㐫 色<br>부수 色 총 6획 |
| 赤 붉다 적 | 一 十 土 方 亦 赤 赤<br>부수 赤 총 7획 |
| 黃 누렇다 황 | 一 十 廾 廾 𦫳 芒 昔 昔 黄 黄 黄 黃<br>부수 黃 총 12획 |
| 青 푸르다 청 | 一 二 キ 丰 丰 青 青 青<br>부수 青 총 8획 |
| 綠 초록 록/녹 | 幺 幺 幺 糸 糸 糸 糹 紁 紀 綒 綒 綒 綠 綠<br>부수 糸 총 14획 |
| 黑 검다 흑 | 丨 冂 口 四 四 𦉫 甲 里 里 里 黑 黑<br>부수 黑 총 12획 |
| 白 희다 백 | 丿 亻 白 白 白<br>부수 白 총 5획 |
| 物 물건 물 | 丿 ㅏ 牛 牛 牜 牞 物 物<br>부수 牛 총 8획 |
| 衣 옷 의 | 丶 亠 广 才 衣 衣<br>부수 衣 총 6획 |
| 車 차 차 | 一 厂 冂 百 亘 亘 車<br>부수 車 총 7획 |
| 刀 칼 도 | 𠃌 刀<br>부수 刀 총 2획 |

# 8. 계절과 날씨

## Getting Started

» What are some changes at the turn of a season? How does the weather change in each season in Korea?

### Today's Characters

| | | |
|---|---|---|
| 春 봄 춘 | 夏 여름 하 | 秋 가을 추 |
| 冬 겨울 동 | 風 바람 풍 | 雨 비 우 |
| 雲 구름 운 | 雪 눈 설 | 冷 차다 랭/냉 |
| 溫 따뜻하다 온 | | |

## • Seasons | 계절

# 春

봄 **춘**

spring

一 二 三 声 夫 夫 春 春 春

- 청춘 青春 youth, the springtime of life
- 춘몽 春夢 spring dreams
- 춘곤증 春困症 spring fatigue

청춘

# 夏

여름 **하**

summer

一 丆 丆 丙 丙 百 百 頁 夏 夏

- 하계 夏季 the summer season
- 하복 夏服 summer clothes
- 하지 夏至 the summer solstice

하복

가을 **추**

fall, autumn

丿 二 千 千 禾 禾 禾' 秒 秋

- 추석 秋夕 the harvest festival
- 춘추 春秋 spring and autumn, age(honorific)
- 춘추복 春秋服 spring and autumn wear

추석

겨울 **동**

winter

丿 ク 夂 冬 冬

- 동지 冬至 the winter solstice
- 동면 冬眠 hibernation

동지 팥죽

### Let's read

- 한국은 春夏秋冬 사계절의 변화가 아름답습니다.
- 학교 교복은 春秋服(복), 夏服(복), 冬服(복) 세 가지를 준비해야 합니다.
- 올해는 秋夕(석)이 언제예요?

## 風

바람 **풍**
wind

丿 几 凡 凡 凨 凨 風 風 風

- 선풍기 扇風機 an electric fan
- 풍차 風車 a windmill
- 태풍 颱風 a typhoon

풍차

## 雨

비 **우**
rain

一 丁 冂 币 币 雨 雨 雨

- 우산 雨傘 an umbrella
- 우기 雨期 the rainy season
- 폭우 暴雨 heavy rain

우산

## 雲

구름 **운**
the clouds

一 丆 戸 币 币 雨 雨 雨 雲 雲 雲 雲

- 백운 白雲 white clouds
- 운해 雲海 a sea of clouds

운해

## 雪

눈 **설**
snow

一 丆 戸 币 币 雨 雨 雨 雪 雪 雪

- 백설 白雪 white snow
- 설악산 雪嶽山 Mt. Seorak
- 대설 大雪 a heavy snow

대설

### Let's read

- 颱風(태)이 심해서 雨傘(산)이 날아갔어요.
- 雪嶽(악)山에 올라가서 雲海를 바라 보았습니다.

## • Temperature | 기온

차다 **랭/냉**
to be cold

丶 冫 冫 冫 冷 冷 冷

- 냉장고 冷藏庫 a refrigerator
- 냉수 冷水 cold water
- 냉동실 冷凍室 a freezing compartment

냉장고

**Tip**

Originally, 冷 is read [랭] and written "랭."
When 冷 is used as the first letter, it is read [냉] and written "냉."

---

溫

따뜻하다 **온**
to be warm

丶 丶 氵 氵 氵 氵 氵 氵 氵 氵 氵 氵 溫

- 온수 溫水 hot water
- 온도계 溫度計 a thermometer
- 체온 體溫 body temperature

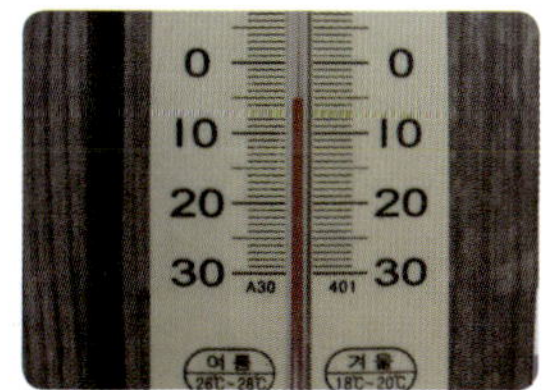


온도계

### Let's read

- 정수기는 冷水, 溫水가 다 나온다.
- 冷凍室(동실) 안의 溫度(도)는 몇 도가 될까?

## Let's Practice

1 Look at the pictures and fill in the blanks with the correct character.

| ① 風 | ② 雪 | ③ 雲 | ④ 雨 |
|---|---|---|---|

(1) ( )　(2) ( )　(3) ( )　(4) ( )

2 The following descriptions are of the four seasons in Korea. Read the descriptions and fill in the blanks with the correct Chinese character.

| ① 春 | ② 夏 | ③ 秋 | ④ 冬 |
|---|---|---|---|

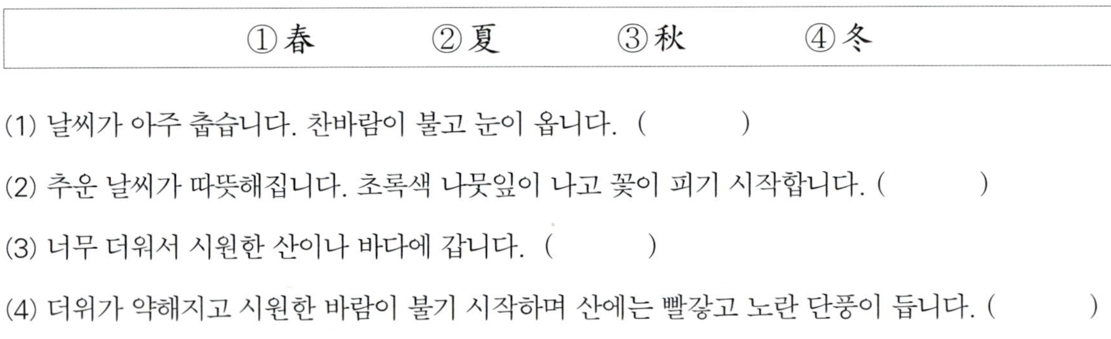

(1) 날씨가 아주 춥습니다. 찬바람이 불고 눈이 옵니다. ( )

(2) 추운 날씨가 따뜻해집니다. 초록색 나뭇잎이 나고 꽃이 피기 시작합니다. ( )

(3) 너무 더워서 시원한 산이나 바다에 갑니다. ( )

(4) 더위가 약해지고 시원한 바람이 불기 시작하며 산에는 빨갛고 노란 단풍이 듭니다. ( )

3 Talk about the following questions with your friends.

(1) 春夏秋冬 사계절 중에서 어느 계절을 가장 좋아합니까?

(2) 밥을 먹을 때 冷水를 마십니까, 溫水를 마십니까?

Practice the Chinese characters you learned today.

| 한자 | 뜻과 음 | 필순 | 부수 | 총 획수 |
|---|---|---|---|---|
| 春 | 봄 춘 | 一 二 三 丰 夫 夫 春 春 春 | 日 | 총 9획 |
| 夏 | 여름 하 | 一 丆 丆 百 百 百 百 頁 夏 夏 | 夂 | 총 10획 |
| 秋 | 가을 추 | 丿 二 千 禾 禾 禾 秋 秋 秋 | 禾 | 총 9획 |
| 冬 | 겨울 동 | 丿 ク 夂 冬 冬 | 冫 | 총 5획 |
| 風 | 바람 풍 | 丿 几 凡 凡 凡 凡 風 風 風 | 風 | 총 9획 |
| 雨 | 비 우 | 一 厂 门 币 雨 雨 雨 雨 | 雨 | 총 8획 |
| 雲 | 구름 운 | 一 厂 币 雨 雨 雨 雨 雨 雲 雲 雲 雲 | 雨 | 총 12획 |
| 雪 | 눈 설 | 一 厂 币 雨 雨 雨 雨 雨 雪 雪 雪 | 雨 | 총 11획 |
| 冷 | 차다 랭/냉 | 丶 冫 冫 冷 冷 冷 冷 | 冫 | 총 7획 |
| 溫 | 따뜻하다 온 | 丶 冫 氵 氵 氵 氵 氵 溫 溫 溫 溫 溫 溫 | 氵(水) | 총 13획 |

# 9. 동물과 식물

## Getting Started

» Talk about your favorite animals, trees, flowers, etc.

### Today's Characters

動 움직이다 동
鳥 새 조
花 꽃 화
竹 대나무 죽
牛 소 우
魚 물고기 어
草 풀 초
馬 말 마
貝 조개 패
果 열매 과

• **Animals** | 동물

# 動
움직이다 동
to move

丿 ㇐ 𠂉 ... 動

- 행동 行動 an action
- 동물 動物 an animal, a (living) creature
- 동사 動詞 a verb

동물

# 牛
소 우
a cow

- 우유 牛乳 milk
- 한우 韓牛 Korean beef cattle

우유

# 馬
말 마
a horse

- 경마 競馬 a horse race
- 마차 馬車 a carriage

마차

# 鳥
새 조
a bird

- 조류 鳥類 birds
- 백조 白鳥 a swan

백조

**Let's read**

- 動物園(원)에 가서 여러 가지 동물을 봤다.
- 옛날에는 馬車를 타고 다녔다.
- 데이트도 하고 한국어도 배울 수 있으니 一石二鳥*이다.

*일석이조 : Catching two birds with one stone. Serving a double purpose.

물고기 **어**
fish

- 연어 鰱魚 a salmon
- 인어 人魚 a mermaid/merman

연어

조개 **패**
shell

- 어패류 魚貝類 fish and shell
- 패물 貝物 jewelry

어패류

## • Plants | 식물

花

꽃 **화**
flower

- 화분 花盆 a flowerpot
- 국화 國花 a national flower
- 조화 造花 an artificial flower

화분

草

풀 **초**
grass, plant

- 초록 草綠 green
- 화초 花草 flowering plants
- 초가 草家 a straw roofed house

초가집

### Let's read

- 고기 대신 魚貝類(류)를 먹으면 다이어트에 좋다.
- 조선시대 시골에는 草家(가)집이 많았다.

## 果

열매 **과**

fruit

丶 冂 冃 日 旦 甲 果 果

- 과수원 果樹園 a fruit farm
- 과도 果刀 a fruit knife
- 결과 結果 a result

과수원

## 竹

대나무 **죽**

bamboo

丿 𠂉 ⺅ 𥫗 𥫗 竹

- 죽림 竹林 a bamboo grove
- 죽도 竹刀 a bamboo sword
- 죽부인* 竹夫人 a Dutch wife

* It is a large pillow made by bamboo and used in the summer to help you sleep when it gets too hot.

죽부인

**Let's read**

- 우리집은 사과 果樹園(수원)을 하기 때문에 사과를 많이 먹을 수 있다.
- 여름에 시원하게 竹夫人(부)을 안고 잔다.

## Let's Practice

1 Choose the correct Chinese character for each picture.

| ①果 ②花 ③木 ④牛 ⑤馬 ⑥魚 ⑦貝 ⑧鳥 ⑨竹 |
|---|

(1) ( )

(2) ( )

(3) ( )

(4) ( )

(5) ( )

(6) ( )

(7) ( )

(8) ( )

(9) ( )

2 Match the Chinese characters with the correct sound.

| | |
|---|---|
| (1) 草• | • ㉮ 동 |
| (2) 貝• | • ㉯ 초 |
| (3) 動• | • ㉰ 화 |
| (4) 花• | • ㉱ 조 |
| (5) 鳥• | • ㉲ 패 |

Practice the Chinese characters you learned today.

|  |  |  |  |
|---|---|---|---|
| 動 | 움직이다 동 | 부수 力 | 총 11획 |
| 牛 | 소 우 | 부수 牛 | 총 4획 |
| 馬 | 말 마 | 부수 馬 | 총 10획 |
| 鳥 | 새 조 | 부수 鳥 | 총 11획 |
| 魚 | 물고기 어 | 부수 魚 | 총 11획 |
| 貝 | 조개 패 | 부수 貝 | 총 7획 |
| 花 | 꽃 화 | 부수 艹(艸) | 총 8획 |
| 草 | 풀 초 | 부수 艹(艸) | 총 10획 |
| 果 | 열매 과 | 부수 木 | 총 8획 |
| 竹 | 대나무 죽 | 부수 竹 | 총 6획 |

# 10. 가족

## Getting Started

» Let's learn the words about families.

**Today's Characters**

| | | |
|---|---|---|
| 家 집 가 | 族 겨레 족 | 父 아버지 부 |
| 母 어머니 모 | 子 아들 자 | 女 여자 녀/여 |
| 祖 할아버지 조 | 孫 손자 손 | 兄 형 형 |
| 弟 아우 제 | 好 좋다 호 | 男 사내 남 |

**Let's learn**

## • Family | 가족

**家**

집 가
a house/home

丶 丷 宀 宀 宁 宁 家 家 家 家

- 가정 家庭 a home, a family
- 가구 家具 furniture
- 국가 國家 a state, a nation

가구

**族**

겨레 족
offspring of the same forefather

丶 亠 方 方 方 方 方 方 方 方 族

- 가족 家族 a family
- 민족 民族 a race, a nation

가족

**父**

아버지 부
a father

丿 八 ⺇ 父

- 부모 父母 parents
- 가부장적 家父長的 paternalism
- 부자 父子 father and son

부자

**母**

어머니 모
a mother

𠃊 𠃋 母 母 母

- 모성애 母性愛 maternal love
- 이모 姨母 a maternal aunt

모성애

**Let's read**

- 우리 家族은 모두 네 명이다.
- 우리 父母님은 항상 나를 위해 기도하신다.
- 어머니는 강한 母性愛로 자식을 돌보신다.
  (성 애)

# 子

아들 자
a son

- 자식 子息 one's children, offspring
- 모자 母子 mother and son

모자

# 女

여자 녀/여
a woman

- 자녀 子女 one's children, son and daughter
- 여자 女子 a woman

Originally, 女 is read [녀] and written "녀."
When 女 is used as the first letter, it is read [여] and written "여."

여자

# 祖

할아버지 조
a grandfather

- 조상 祖上 an ancestor
- 조부모 祖父母 grandparents

조부모

# 孫

손자 손
a grandchild

- 손자 孫子 a grandson
- 손녀 孫女 a granddaughter
- 자손 子孫 posterity

할머니와 손녀

## Let's read

- 子女가 몇 명이에요?
- 시골에 祖父母님께서 살고 계신다.
- 그 할아버지는 孫子가 세 명이라고 하셨다.

兄

형 **형**

an elder brother

丶 冂 口 尸 兄

- 형 兄 an elder brother
- 형수 兄嫂 the wife of one's elder brother, sister-in-law
- 형부 兄夫 the husband of one's elder sister, brother-in-law

형

弟

아우 **제**

a younger brother

丶 丷 䒑 弓 弟 弟

- 형제 兄弟 brothers
- 처제 妻弟 a younger sister of one's wife, sister-in-law

형제

## • 女 + 子 = 好

好

좋다 **호**

to like

ㄑ 夂 女 女 好 好

- 기호 嗜好 taste
- 호감 好感 a good feeling
- 호기심 好奇心 curiosity

호감

## • Man (Male) | 남자

男

사내 **남**

a man

丶 冂 日 田 田 男 男

- 남자 男子 a man
- 남편 男便 a husband
- 남성적 男性的 masculine

남자

### Let's read

- 나는 三兄弟 중의 막내이다.
- 나는 그 사람이 친절하고 멋있어서 好感(감)을 느끼고 있다
- 내 친구는 男性的(성 적)이서 아주 씩씩하다.

## Let's Practice

1 Look at the pictures of family members and write the correct Chinese character from the box below.

| ①父 | ②母 | ③祖父 | ④祖母 | ⑤兄 | ⑥弟 |
|---|---|---|---|---|---|

(1) ________ (2) ________

(3) ________ (4) ________

(5) ________ (6) ________

2 Fill in the blanks with the correct Chinese character.

| ② 父 | | | ③ 孫 | ④ |
|---|---|---|---|---|
| ① | 女 | | | 女 |
| | | | | |
| | | | ⑤ | 感 |
| ⑥ | 母 | | 奇 | |
| 父 | | | 心 | |

〈가로〉 ① 어머니와 딸
③ 아들의 아들
⑤ 좋은 감정
⑥ 할머니

〈세로〉 ② 아버지와 어머니
④ 아들과 딸, 자식
⑤ 알고 싶은 마음
⑥ 할아버지

Practice the Chinese characters you learned today.

| 한자 | 뜻/음 | 부수 | 총 획수 | 따라 쓰기 |
|---|---|---|---|---|
| 家 | 집 가 | 宀 | 총 10획 | 家 家 |
| 族 | 겨레 족 | 方 | 총 11획 | 族 族 |
| 父 | 아버지 부 | 父 | 총 4획 | 父 父 |
| 母 | 어머니 모 | 母 | 총 5획 | 母 母 |
| 子 | 아들 자 | 子 | 총 3획 | 子 子 |
| 女 | 여자 녀/여 | 女 | 총 3획 | 女 女 |
| 祖 | 할아버지 조 | 示 | 총 10획 | 祖 祖 |
| 孫 | 손자 손 | 子 | 총 10획 | 孫 孫 |
| 兄 | 형 형 | 儿 | 총 5획 | 兄 兄 |
| 弟 | 아우 제 | 弓 | 총 7획 | 弟 弟 |
| 好 | 좋다 호 | 女 | 총 6획 | 好 好 |
| 男 | 사내 남 | 田 | 총 7획 | 男 男 |

# 11. 학교

## Getting Started

» Let's learn some words related to school.

### Today's Characters

| | | |
|---|---|---|
| 學 배우다 학 | 校 학교 교 | 敎 가르치다 교 |
| 室 방 실 | 先 먼저 선 | 生 나다 생 |
| 問 묻다 문 | 答 대답 답 | 文 글월 문 |
| 法 법 법 | 事 일 사 | |

**• School** | **학교**

배우다 **학**
to learn

- 학년 學年 a grade
- 견학 見學 a field trip
- 방학 放學 a vacation

견학

학교 **교**
a school

- 대학교 大學校 a university
- 등교 登校 attending school
- 교문 校門 a school gate

교문

가르치다 **교**
to teach

- 교육 教育 education
- 교사 教師 a teacher
- 교과서 教科書 a textbook

교과서

室

방 **실**
a room

- 화장실 化粧室 a restroom
- 실내 室內 the inside of a room
- 침실 寢室 a bedroom

침실

**Let's read**

- 學校에서 한자 공부를 합니다.
- 학교 校門(문) 앞에서 만날까요?
- 아침에 일찍 왔는데 教室에 아무도 없네요.

## 先

먼저 **선**

before, ahead

- 선배 先輩 a senior
- 선불 先拂 payment in advance
- 선생 先生 a teacher

선생님

## 生

나다 **생**

to bear, to be born

- 학생 學生 a student
- 생일 生日 a birthday
- 생사 生死 life and death

학생

### • Study | 공부

## 問

묻다 **문**

to ask

- 문제 問題 a question, a problem
- 질문 質問 a question
- 문답 問答 question and answer

질문

## 答

대답 **답**

an answer

- 대답 對答 an answer, a reply
- 답장 答狀 a reply letter
- 정답 正答 a correct answer

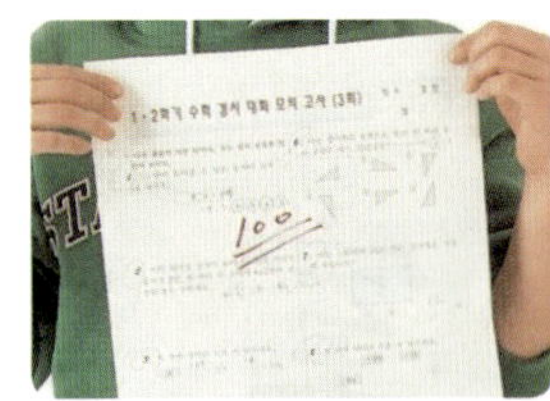

정답

### Let's read

- 先生님께서 質問(질)을 하셨습니다.
- 길을 묻는 사람에게 對(대)答을 해 줬습니다.
- 발표가 끝나고 問答을 할 수 있는 시간이 있습니다.

글월 **문**
writings

- 작문 作文 a composition, writings
- 문장 文章 a sentence
- 문화 文化 culture

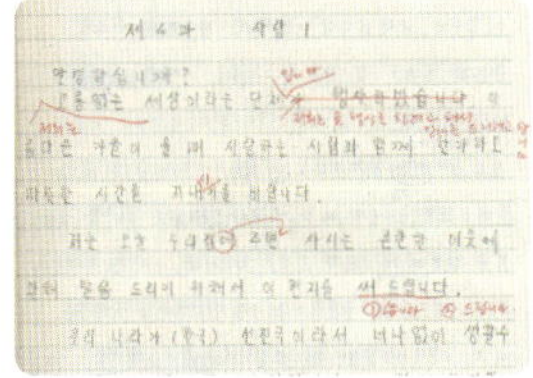
작문

---

법 **법**
the law

- 법대 法大 a college of law
- 문법 文法 grammar
- 법원 法院 a court of law

법원

---

일 **사**
work, a matter

- 사무실 事務室 an office
- 교통사고 交通事故 a traffic accident

사무실

**Let's read**

- 作文(작) 숙제를 할 때 文法 지식이 필요하다.
- 도움이 필요한 일은 事務(무)室에 물어보세요.

## Let's Practice

1 Match each Chinese characters with the correct meaning and sound.

| 〈글자〉 | 〈뜻〉 | 〈소리〉 |
|---|---|---|
| (1) 法 • | • ㉮ 대답 • | • ㉠ 문 |
| (2) 問 • | • ㉯ 묻다 • | • ㉡ 답 |
| (3) 答 • | • ㉰ 글월 • | • ㉢ 법 |
| (4) 文 • | • ㉱ 법 • | • ㉣ 문 |

2 Match the picture with the correct Chinese character.

| ① 先 | ② 教 | ③ 生 | ④ 學 | ⑤ 室 | ⑥ 事 |
|---|---|---|---|---|---|

(1) □□

(2) □□

(3) □□

3 Talk about the following questions with your friends.

(1) 學校에서 무엇을 합니까?

(2) 여러분의 先生님의 성함은 무엇입니까?

(3) 教室에 가면 누구를 만날 수 있습니까?

Practice the Chinese characters you learned today.

|  |  |  |  |
|---|---|---|---|
| 學 | 배우다 학 | 부수 子 | 총 16획 |
| 校 | 학교 교 | 부수 木 | 총 10획 |
| 教 | 가르치다 교 | 부수 攵 | 총 11획 |
| 室 | 방 실 | 부수 宀 | 총 9획 |
| 先 | 먼저 선 | 부수 儿 | 총 6획 |
| 生 | 나다 생 | 부수 生 | 총 5획 |
| 問 | 묻다 문 | 부수 門 | 총 11획 |
| 答 | 대답 답 | 부수 竹 | 총 12획 |
| 文 | 글월 문 | 부수 文 | 총 4획 |
| 法 | 법 법 | 부수 氵(水) | 총 8획 |
| 事 | 일 사 | 부수 亅 | 총 8획 |

# 12. 시간

» Talk about things that change over time.

**Today's Characters**

過 지나다 과

在 있다 재

朝 아침 조

夜 밤 야

去 가다 거

未 아니다 미

夕 저녁 석

現 지금 현

來 오다 래/내

晝 낮 주

**Let's learn**

**• Time** | 시간

## 過

지나다 **과**

to pass

丨 冂 冂 冂 冎 冎 咼 咼 咼 過 過 過 過

• 통과 通過 passing
• 과음 過飮 excessive drinking
• 과식 過食 overeating

 過 is also used as a meaning of "too much."

통과

## 去

가다 **거**

to go

一 十 土 去 去

• 과거 過去 the past, time past
• 수거 收去 removal

쓰레기 분리 수거

## 現

지금 **현**

now

一 二 千 王 王 玑 玑 玥 珇 珼 現

• 현대 現代 the present day, modern
• 현실 現實 reality, actuality
• 현금 現金 cash

현금인출기

## 在

있다 **재**

to be, exist

一 ナ 才 存 存 在

• 현재 現在 now, the present
• 재실 在室 to be in one's room

현재 상영 영화

**Let's read**

• 過去의 좋지 않은 습관을 버려야 합니다.

• 現在 서울대에 다니고 있습니다.

아니다 미
to be not, no

一 二 キ 未 未

- 미혼 未婚 unmarried
- 미래 未來 future

미래 자동차

오다 래/내
to come

一 厂 ... 來 來 來

- 내일 來日 tomorrow
- 거래 去來 a deal, trade

Tip

Originally, 來 is read [래] and written "래."
When 來 is used as the first letter, it is read [내] and written "내."

증권 거래

## • Day | 하루

朝

아침 조
morning

一 十 ... 朝 朝 朝

- 조식 朝食 breakfast
- 조선 朝鮮 Joseon, Korea

조식 뷔페

夕

저녁 석
evening

ノ ク 夕

- 석식 夕食 supper
- 석양 夕陽 the evening sun
- 추석 秋夕 Chuseok, the harvest[moon] festival (on the 15th of August by the lunar calendar)

석양

### Let's read

- 未來 사회에서는 로봇이 사람 대신 일을 할 것이다.
- 朝食(식)은 한식을, 夕食(식)은 양식을 드리겠습니다.

주야

## 晝

낮 주
day time

- 주간 晝間 the day time
- 주야 晝夜 day and night

밤 야
night

- 야간 夜間 night, the night time
- 야경 夜景 a night view
- 야식 夜食 a late snack, a midnight meal

야경

### Let's read

- 한국어를 잘 하려고 晝夜로 노력하고 있다.
- 놀이공원을 夜間에도 이용할 수 있다.

## Let's Practice

1 **Fill in the blanks with the correct Chinese character.**

| ① 朝 | ② 夕 | ③ 晝 | ④ 夜 |
|---|---|---|---|

(1) 회사 일 마치고 저녁 6시에 만납시다.

→ 언제 만납니까? (　　　)

(2) 와! 오늘 아침 정말 날씨가 좋았지요?

→ 언제 날씨가 좋았습니까? (　　　)

(3) 밤 11시 정도까지 일해야 끝낼 수 있어요.

→ 언제까지 일합니까? (　　　)

(4) 일을 낮 동안에 끝내야 해요. 밤에는 보이지 않아서 안 돼요.

→ 언제까지 일해야 합니까? (　　　)

2 **Talk about the following questions with your friends.**

(1) 過去에 나쁜 습관이 있었습니까?

(2) 未來를 위해서 어떤 준비를 합니까?

(3) 現在 뭐가 가장 하고 싶습니까?

(4) 未來 사회에서 인간의 생활이 어떻게 달라질 것 같습니까?

(5) 現在 가장 가고 싶은 곳은 어디입니까?

(6) 過去의 역사에서 무엇을 배웁니까?

Practice the Chinese characters you learned today.

|  |  |  |
| --- | --- | --- |
| 過 지나다 과 | 丨 冂 冃 冃 冎 咼 咼 咼 咼 咼 過 過 過 | |
| | 부수 辶(辵) 총 13획 | 過 過 |
| 去 가다 거 | 一 十 土 去 去 | |
| | 부수 厶 총 5획 | 去 去 |
| 現 지금 현 | 一 二 千 王 𤣩 玑 珇 珥 琩 琱 現 | |
| | 부수 王(玉) 총 11획 | 現 現 |
| 在 있다 재 | 一 ナ 𠂇 存 存 在 | |
| | 부수 土 총 6획 | 在 在 |
| 未 아니다 미 | 一 二 キ 未 未 | |
| | 부수 木 총 5획 | 未 未 |
| 來 오다 래/내 | 一 厂 双 双 双 來 來 來 | |
| | 부수 人 총 8획 | 來 來 |
| 朝 아침 조 | 一 十 亡 古 古 吉 直 卓 卓 朝 朝 朝 | |
| | 부수 月 총 12획 | 朝 朝 |
| 夕 저녁 석 | ノ ク 夕 | |
| | 부수 夕 총 3획 | 夕 夕 |
| 晝 낮 주 | 一 コ ヨ 彐 聿 聿 聿 書 書 書 晝 | |
| | 부수 日 총 11획 | 晝 晝 |
| 夜 밤 야 | 丶 亠 广 亣 夵 夜 夜 夜 | |
| | 부수 夕 총 8획 | 夜 夜 |

Chinese Characters

# Intermediate

# 1. 人生

## Getting Started

» Talk about things a person does throughout one's life.

### Today's Characters

生 나다 생

死 죽다 사

愛 사랑 애

親 친하다 친

老 늙다 로/노

結 맺다 결

情 뜻 정

病 병들다 병

婚 결혼하다 혼

式 법 식

Let's see how the word 生老病死(생로병사) is made up.

|  |  | |  |
|---|---|---|---|
| 生<br>나다, 살다 **생**<br>to be born, to live | 生 + 日 | ➡ | 生日 생일 birthday |
| | 人 + 生 | ➡ | 人生 인생 life |
| 老<br>늙다 **로/노**<br>to get old | 老 + 人 | ➡ | 老人 노인 an old person<br>* When 老 is used as the first letter, it is read [노]. |
| | 養 + 老 + 院 | ➡ | 養老院 양로원 a home for senior citizens |
| 病<br>병, 병들다 **병**<br>illness, to get sick | 病 + 院 | ➡ | 病院 병원 hospital |
| | 心臟 + 病 | ➡ | 心臟病 심장병 heart disease |
| 死<br>죽다 **사**<br>to die | 死 + 亡 | ➡ | 死亡 사망 death, decease |
| | 死 + 刑 | ➡ | 死刑 사형 death penalty |

生 + 老 + 病 + 死

➡ 生老病死
생로병사

태어나서 늙고, 병들고 죽는 사람의 일생
To be born, to get old, to get sick, and to die.
(The phrase describes a person experiences during one's life.)

**More Characters** 養 기르다 양 | 院 집 원 | 臟 내장 장 | 亡 죽다 망 | 刑 형벌 형

Let's see how the word 結婚(결혼) is made up.

맺다 결
to tie, knot

결혼하다 혼
to get married

결혼
wedding, marriage

- 結果 결과 a result
- 結末 결말 an end, conclusion
- 結合 결합 union, bond

- 約婚 약혼 engagement
- 新婚旅行 신혼여행 honeymoon
- 未婚 미혼 single, unmarried

Let's find more words that have 結 or 婚 in them.

Let's see how the word 愛情(애정) is made up.

사랑, 사랑하다 애
love, to love

뜻, 마음 정
idea, thought, mind

애정
affection, love

- 愛人 애인 lover, boy(girl)friend
- 愛玩動物 애완동물 pet
- 戀愛 연애 to be in love, romance

- 人情 인정 sympathy, compassion
- 友情 우정 friendship
- 情報 정보 information

Let's find more words that have 愛 or 情 in them.

**More Characters**

末 끝 말 | 合 합하다 합 | 約 약속하다 약 | 新 새롭다 신 | 旅 여행하다 려/여 |
行 다니다 행 | 玩 놀다 완 | 戀 사모하다 련/연 | 友 친구 우 | 報 알리다 보

- People go through many things in life. 式(식) is used to describe special ceremonies.

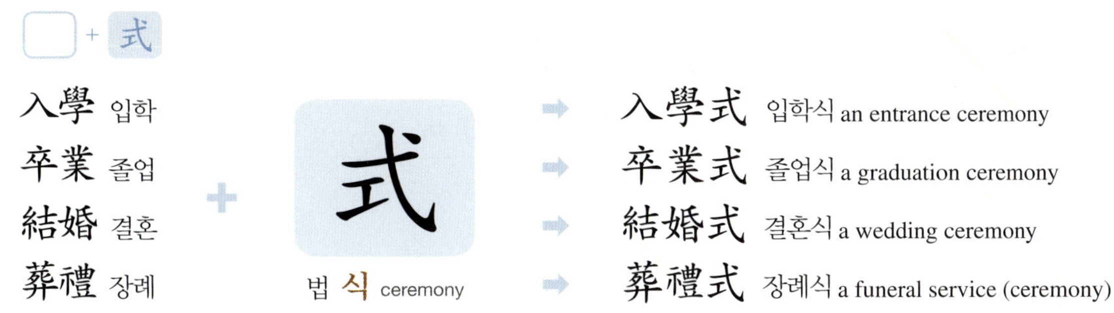


Let's find more words that have 式 in them.

- Let's learn words that have 親(친) in them.

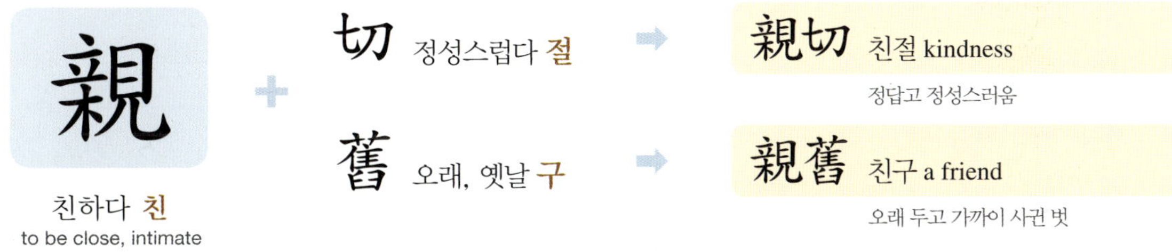


예문
- 한국인들은 처음 보는 외국인에게도 親切하게 대합니다.
- 언제, 어디서나 항상 기억나는 親舊가 있습니까?

**More Characters**
卒 마치다 졸 | 業 일 업 | 葬 장사 지내다 장 | 禮 예절 례/예 | 切 정성스럽다 절 | 舊 오래, 옛날 구

## Let's Practice

**1 Fill in the blanks with the correct Chinese character.**

| ① 生 | ② 老 | ③ 病 | ④ 死 |
|---|---|---|---|

(1) 예쁜 우리 아기, 이 세상에 태어난 것을 축하한다! ( )

(2) 저는 행복하게 살다 이 세상을 떠납니다. ( )

(3) 건강이 안 좋아서 병원에 입원해야겠어요. ( )

(4) 나이 들고 늙어서 일하는 것이 젊었을 때와 같지 않아. ( )

**2 Talk about your life's events with your friends.**

(1) 生日 ______________________

(2) 入學式 ______________________

(3) 卒業式 ______________________

(4) 結婚式 ______________________

(5) 葬禮式 ______________________

**3 Let's read the following parapraph.**

사람의 (1)一生을 (2)生老病死의 삶이라고 말하기도 합니다. (3)出生해서 살다가 늙어 (4)老人이 되고 때로는 (5)病이 들어 아픔을 경험하다 (6)死亡하면 (7)人生이 끝나는 것이라고 생각하는 것입니다. 그렇게 생각하면 (8)人生이 너무 슬프게 생각됩니다. 하지만 우리는 살면서 많은 사람들과 따뜻한 (9)情과 (10)親切한 마음을 나눌 수 있다는 것도 기억해야 합니다. (11)愛人과 나누는 (12)愛情뿐만 아니라 (13)親舊와 나누는 (14)友情, 그리고 모르는 사람들이 베풀어준 (15)親切함 때문에 우리 (16)人生은 더 아름다운 모습이 될 수 있습니다.

Practice the Chinese characters you learned today.

| 한자 | 훈음 | 필순 | 부수 | 총 획수 | 쓰기 |
|---|---|---|---|---|---|
| 生 | 나다 생 | 丿 𠂉 𠂇 牛 生 | 生 | 총 5획 | 生 生 |
| 老 | 늙다 로/노 | 一 十 土 耂 老 老 | 老 | 총 6획 | 老 老 |
| 病 | 병들다 병 | 丶 亠 广 广 疒 疒 疒 病 病 病 | 疒 | 총 10획 | 病 病 |
| 死 | 죽다 사 | 一 厂 歹 歹 死 死 | 歹 | 총 6획 | 死 死 |
| 結 | 맺다 결 | 𠃋 幺 幺 糸 糸 糸 紅 紅 紆 結 結 結 | 糸 | 총 12획 | 結 結 |
| 婚 | 결혼하다 혼 | 𡿨 女 女 女 女 女 妖 婚 婚 婚 婚 | 女 | 총 11획 | 婚 婚 |
| 愛 | 사랑 애 | ⺈ ⺈ ⺈ 爫 爫 爫 爫 悉 悉 悉 愛 愛 愛 | 心 | 총 13획 | 愛 愛 |
| 情 | 뜻 정 | 丶 丷 忄 忄 忄 忄 忄 情 情 情 情 | 忄(心) | 총 11획 | 情 情 |
| 式 | 법 식 | 一 二 亍 工 式 式 | 弋 | 총 6 획 | 式 式 |
| 親 | 친하다 친 | 丶 亠 亠 立 立 立 辛 辛 亲 亲 亲 新 親 親 親 親 | 見 | 총 16획 | 親 親 |

# 2. 教育

## Getting Started

» Let's talk about learning and teaching.

### Today's Characters

| | | |
|---|---|---|
| 育 기르다 육 | 習 익히다 습 | 宿 자다 숙 |
| 題 제목 제 | 豫 미리 예 | 復 다시 복 |
| 開 열다 개 | 放 놓다 방 | 讀 읽다 독 |
| 書 쓰다 서 | | |

## Let's see how the word 教育(교육) is made up.

가르치다 **교**
to teach

기르다 **육**
to raise, bring up

교육
education

- 教師 교사 a teacher
- 教室 교실 a classroom
- 教科書 교과서 a textbook

- 育兒 육아 upbringing of a child
- 體育 체육 physical education

Let's find more words that have 教 or 育 in them.

## Let's see how the word 學習(학습) is made up.

배우다 **학**
to learn

習

익히다, 연습하다 **습**
to practice, learn

學習

학습
learning

- 學校 학교 a school
- 學生 학생 a student

- 練習 연습 practice
- 慣習 관습 custom
- 習慣 습관 habit

Let's find more words that have 學 or 習 in them.

**More Characters** 師 스승 사 | 科 과목 과 | 兒 아이 아 | 練 익히다 련/연 | 慣 버릇 관

Let's see how the word 宿題(숙제) is made up.

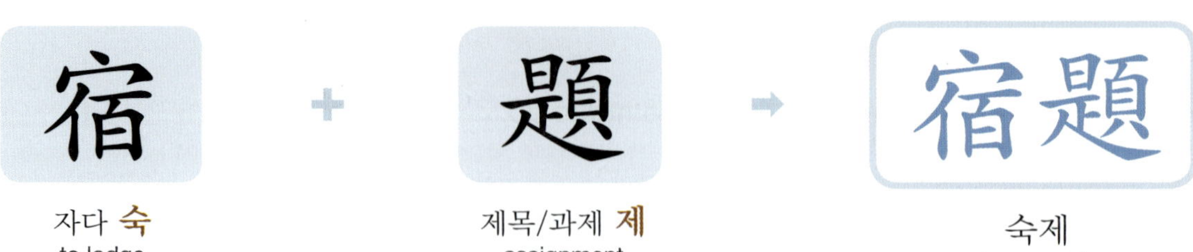


자다 **숙**
to lodge

- 宿食 숙식 board and lodging
- 宿泊 숙박 lodging

제목/과제 **제**
assignment

- 題目 제목 a title
- 話題 화제 a topic

숙제
homework

Let's learn Chinese characters that are used to describe "in advance" and "again."

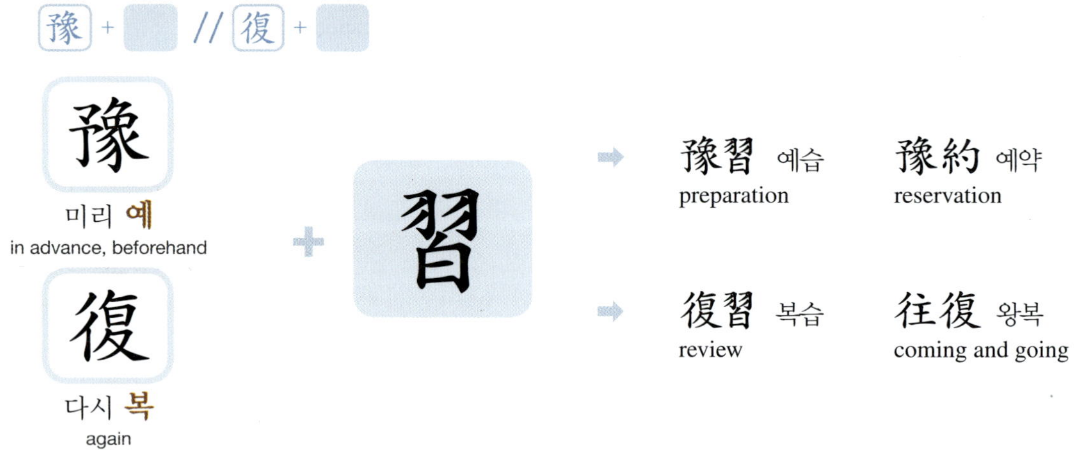


豫習 예습
preparation

豫約 예약
reservation

復習 복습
review

往復 왕복
coming and going

Let's learn about 開學 and 放學.

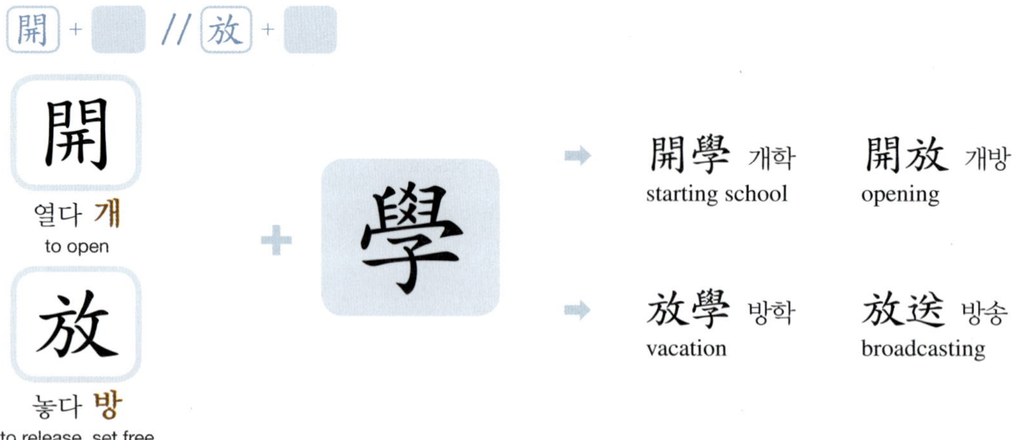


開學 개학
starting school

開放 개방
opening

放學 방학
vacation

放送 방송
broadcasting

**More Characters** 泊 머무르다 박 | 話 말씀 화 | 往 가다 왕 | 送 보내다 송

Let's learn words that have 讀(독) in them.

예문
- 讀書하는 습관은 아이들에게 중요해요.
- 이 책을 읽은 讀者들은 감동을 많이 받았다고 합니다.

Let's learn words that have 書(서) in them.

예문
- 저 書店에는 여러 가지 책들이 있습니다.
- 제 취미는 書藝입니다.
- 說明書를 잘 읽으면 혼자 만들 수 있다.

**More Characters** 者 사람 자 | 店 가게 점 | 藝 예술 예 | 說 말하다 설 | 明 밝다 명 | 告 알리다 고

# Let's Practice

1 **Fill in the blanks with the correct Chinese character used in all three words on the left.**

| ① 書 | ② 復 | ③ 題 | ④ 習 |
|---|---|---|---|

(1) 예습, 연습, 습관 (　　　)

(2) 도서관, 서점, 교과서 (　　　)

(3) 왕복, 복습, 회복 (　　　)

(4) 숙제, 화제, 제목 (　　　)

2 **Fill in the blanks with the correct Chinese characters from the box below.**

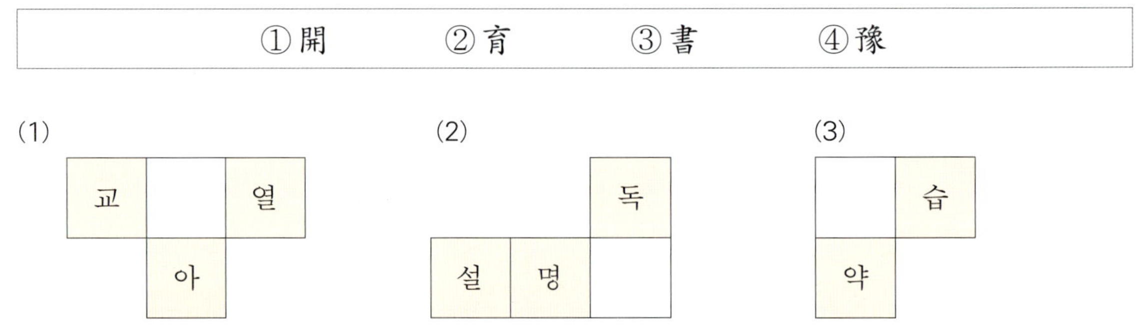


3 **Let's read the following parapraph.**

아침에는 (1)學校에 갑니다. (2)教室에 도착하면 친구들과 한국어 (3)練習을 합니다. 오후에는 (4)書藝 練習을 합니다. 그리고 (5)圖書館에 갑니다. (6)圖書館에서 (7)教科書로 (8)復習하고 내일 배울 것을 (9)豫習합니다. 다음 주부터 (10)放學입니다. (11)放學이 되면 (12)讀書를 많이 하려고 합니다. 저는 (13)讀書를 좋아합니다.

 Practice the Chinese characters you learned today.

|  |  |
|---|---|
| 育<br>기르다 육 | 丶 亠 亡 云 产 育 育 育<br>부수 月(肉) 총 8획 育 育 |
| 習<br>익히다 습 | 習 필순<br>부수 羽 총 11획 習 習 |
| 宿<br>자다 숙 | 丶 宀 宀 宀 宀 宀 宀 宿 宿 宿 宿<br>부수 宀 총 11획 宿 宿 |
| 題<br>제목 제 | 題 필순<br>부수 頁 총 18획 題 題 |
| 豫<br>미리 예 | 豫 필순<br>부수 豕 총 16획 豫 豫 |
| 復<br>다시 복 | ノ 彳 彳 彳 復 필순<br>부수 彳 총 12획 復 復 |
| 開<br>열다 개 | 丨 門 門 門 門 門 門 門 門 門 開 開<br>부수 門 총 12획 開 開 |
| 放<br>놓다 방 | 丶 亠 方 方 方 方 放 放<br>부수 攵 총 8획 放 放 |
| 讀<br>읽다 독 | 讀 필순<br>부수 言 총 22획 讀 讀 |
| 書<br>쓰다 서 | 書 필순<br>부수 曰 총 10획 書 書 |

# 3. 性格

## Getting Started

» Let's talk about a person's personality.
The following is a self-portrait of Gongjae Yoon Du-suh (1668~1715) who was a scholar and painter of the Mid-Joseon Dynasty. What kind of personality do you think he had?

### Today's Characters

| | | |
|---|---|---|
| 性 성품 성 | 格 격식 격 | 自 스스로 자 |
| 信 믿다 신 | 的 과녁 적 | 點 점 점 |
| 感 느끼다 감 | 快 즐겁다 쾌 | 活 살다 활 |

Let's see how the word 性格(성격) is made up.

性 + 格 → 性格

성품, 성 **성**
character, gender

격식 **격**
a form, formality

성격
personality, character

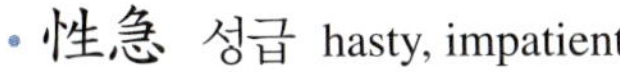

- 性急 성급 hasty, impatient
- 個性 개성 individuality
- 性別 성별 gender

- 人格 인격 personality
- 資格 자격 qualification
- 價格 가격 price, cost

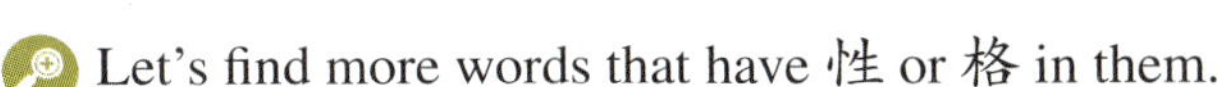

Let's find more words that have 性 or 格 in them.

Let's see how the word 自信(자신) is made up.

自 + 信 → 自信

스스로 **자**
self

믿다 **신**
to trust

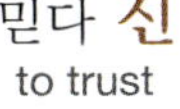

자신
self-confidence

- 自己 자기 self, oneself
- 自由 자유 freedom
- 自然 자연 nature

- 信用 신용 credit, confidence
- 不信 불신 distrust
- 確信 확신 a firm belief, confidence

Let's find more words that have 自 or 信 in them.

**More Characters**

急 급하다 급 | 個 낱, 개 개 | 別 다르다, 나누다 별 | 資 재물 자 | 價 값 가 | 己 자기 기 | 由 이유 유 | 然 그러하다 연 | 用 사용하다 용 | 不 아니다 불 | 確 강하다 확

- When 的(적) is used as a suffix added to a noun, it means something has a character or nature of the noun.

☐ + 的

| | | | |
|---|---|---|---|
| 女性 여성 | + 的 | → | 女性的 여성적 feminine, womanly |
| 內省 내성 | | → | 內省的 내성적 introvested |
| 外向 외향 | | → | 外向的 외향적 outgoing |
| 積極 적극 | | → | 積極的 적극적 enthusiastic |

的: 과녁 적 / a target

- There's a Chinese character used as a suffix added to a noun and the suffix stresses its meaning.

- Let's learn words that have 感(감) in them.

예문
- 그 사람은 자기의 불쾌한 感情을 얼굴에 나타냈다.
- 한국에 처음 왔을 때 한국 사람이 보여준 친절함에 感動했다.
- 自信感을 가지고 일을 해야 성공할 수 있다.

**More Characters** 省 살피다 성 | 向 향하다 향 | 重 무겁다 중

Let's learn words that have 快(쾌) in them.

예문
- 나는 힘든 일을 포기하지 않고 끝까지 해낼 때 快感을 느낀다.
- 내 동생은 성격이 快活해서 친구들이 많다.
- 오랜만에 친구를 만나서 愉快한 시간을 보냈다.

Let's learn words that have 活(활) in them.

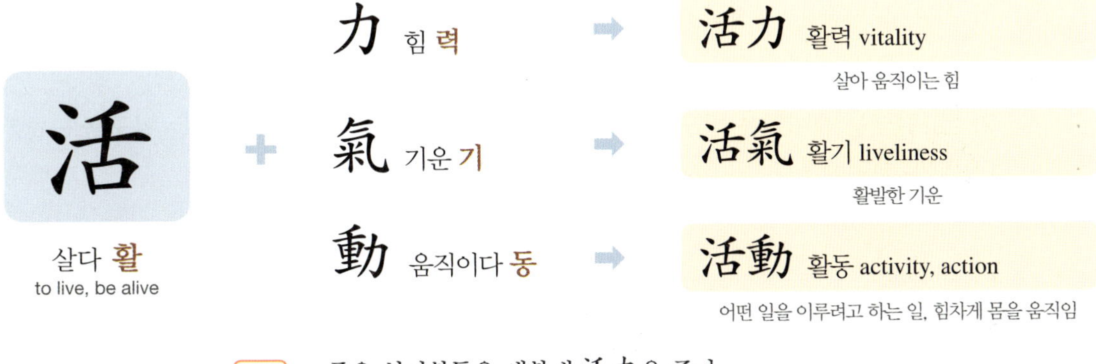


예문
- 좋은 취미활동은 생활에 活力을 준다.
- 그 사람은 항상 活氣차게 일한다.
- 우리 어머니는 주말마다 고아원에서 봉사 活動을 하신다.

**More Characters** 愉 즐겁다 유 | 力 힘 력 | 氣 기운 기

## Let's Practice

1 Talk about your own personality with the words in the box below.

| ① 內省的 | ② 外向的 | ③ 活動的 | ④ 親切 | ⑤ 自己中心的 |
|---|---|---|---|---|
| ⑥ 自信感 | ⑦ 女性的 | ⑧ 男性的 | ⑨ 快活 | ⑩ 性急 |

2 Read the following conversations and fill in the blanks with the correct word from the box above.

(1) **가**: 난 사람들 앞에서 말하는 게 너무 떨리고 무서워.
**나**: 너는 성격이 너무 ( )이구나. 바꾸려고 노력해 봐.

(2) **가**: 이 일은 나에게는 별로 어려운 일이 아니야. 내가 다 할 수 있어.
**나**: 넌 항상 모든 일에 ( )이 있어서 좋다!

(3) **가**: 빨리 좀 해. 지금 가야 돼.
**나**: 그렇게 ( )하게 조르지 마. 천천히 하자.

(4) **가**: 내가 도와줄게. 걱정하지 마
**나**: 넌 정말 언제나 ( )하구나. 고마워.

(5) **가**: 그 친구는 재미있는 말도 많이 하고 항상 웃고 있어. 그래서 옆에 있는 친구들도 즐거워져.
**나**: 나도 그렇게 ( )한 사람이 좋더라.

3 The following below presents that each blood type has different personality traits. What blood type are you?

A형 : (1)小心하고 (2)內省的인 편, 하지만 (3)自身이 맡은 일은 끝까지 열심(熱心)히 한다.
B형 : (4)外向的이며 (5)自己中心的인 사람이 많다.
AB형 : 항상 (6)自信感이 있다. 모든 일에 적극적(積極的)이며 긍정적(肯定的)으로 생각한다.
O형 : 모든 사람에게 친절하며 (7)性格이 (8)快活한 편, 가끔 (9)性急하게 일을 결정하여 곤란에 빠지기도 한다.

 Practice the Chinese characters you learned today.

| 한자 | 훈음 | 필순 | 부수 | 총획 | 따라 쓰기 |
|---|---|---|---|---|---|
| 性 | 성품 성 | 丶 丷 忄 忄 忄 忄 性 性 | 忄(心) | 총 8획 | 性 性 |
| 格 | 격식 격 | 一 十 才 木 木 杦 柊 柊 格 格 | 木 | 총 10획 | 格 格 |
| 自 | 스스로 자 | 丿 亻 白 白 自 自 | 自 | 총 6획 | 自 自 |
| 信 | 믿다 신 | 丿 亻 亻 仁 仁 信 信 信 信 | 亻(人) | 총 9획 | 信 信 |
| 的 | 과녁 적 | 丿 亻 白 白 白 的 的 的 | 白 | 총 8획 | 的 的 |
| 點 | 점 점 | 丨 口 口 口 口 甲 甲 里 里 里 黑 黑 黑 黚 黚 點 點 | 黑 | 총 17획 | 點 點 |
| 感 | 느끼다 감 | 丿 厂 厂 厂 后 后 咸 咸 咸 咸 感 感 感 | 心 | 총 13획 | 感 感 |
| 快 | 즐겁다 쾌 | 丶 丷 忄 忄 忄 快 快 | 忄(心) | 총 7획 | 快 快 |
| 活 | 살다 활 | 丶 丶 氵 氵 氵 汗 活 活 活 | 氵(水) | 총 9획 | 活 活 |

# 4. 經濟

## Getting Started

» How do you earn money? How do you spend it?

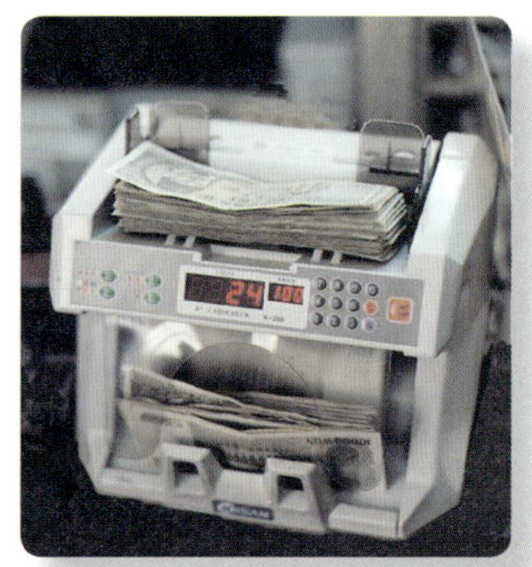

**Today's Characters**

| | | |
|---|---|---|
| 經 다스리다 경 | 濟 구하다 제 | 價 값 가 |
| 財 재물 재 | 產 낳다 산 | 費 쓰다 비 |
| 料 세다 료/요 | 加 더하다 가 | 減 줄다 감 |

Let's see the meaning of the word 經濟(경제).

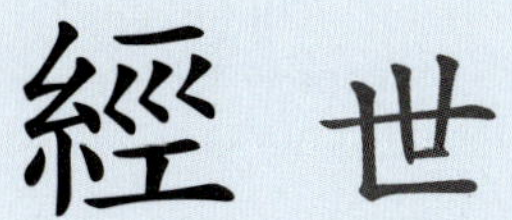


다스리다 **경**
to govern, administer the state

+

구하다 **제**
to relieve people's suffering

→

경제
economy

- 經濟力 경제력 economic power
- 經濟學 경제학 economics
- 經濟的 경제적 economic, economically

Let's find more words that have 經 or 濟 in them.

Let's see how the word 物價(물가) is made up.

物

물건 **물**
a thing, goods

+

價

값 **가**
cost, price

→

物價

물가
prices (of commodities)

- 物件 물건 a thing, goods
- 生物 생물 a creature

- 價格 가격 price, cost
- 評價 평가 evaluation

Let's find more words that have 物 or 價 in them.

**More Characters** 世 세상 세 | 民 백성 민 | 件 사건 건 | 評 평하다 평

Let's see how the word 財産(재산) is made up.

재물 **재**
property, fortune

+

낳다 **산**
to produce, yield

→

재산
property, fortune

- 財物 재물 fortune, property
- 文化財 문화재 cultural assets

- 産業 산업 industry
- 生産 생산 production

Let's learn words about expenses and fees.

交通 교통
生活 생활
食 식
學 학
車 차

+ 費
쓰다 **비**
to spend

→
交通費 교통비 traffic expenses
生活費 생활비 living expenses
食費 식비 food expenses
學費 학비 school expenses
車費 차비 (train, bus) fare

□ + 料

入場 입장
授業 수업
給 급
保險 보험
觀覽 관람

+ 料
세다 **료/요**
to count

→
入場料 입장료 admission fee (charge)
授業料 수업료 school (tuition) fee
給料 급료 a salary, wages
保險料 보험료 an insurance fee
觀覽料 관람료 an admission fee

**More Characters**

化 되다 화 | 交 사귀다, 오고 가다 교 | 通 통하다 통 | 食 먹다 식 | 場 마당 장 |
授 주다 수 | 給 더하다 급 | 保 지키다 보 | 險 험하다 험 | 觀 보다 관 | 覽 보다 람

Let's learn words related to, 加減(가감), increase and decrease.

예문 • 노인들을 위한 자원봉사에 參加했습니다.

• 서울 인구가 增加했습니다.

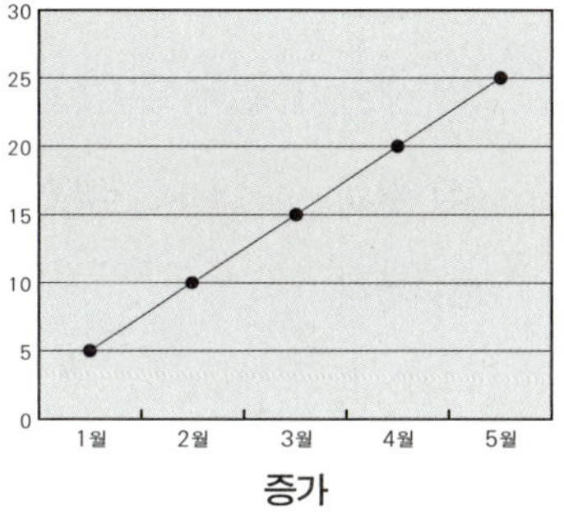


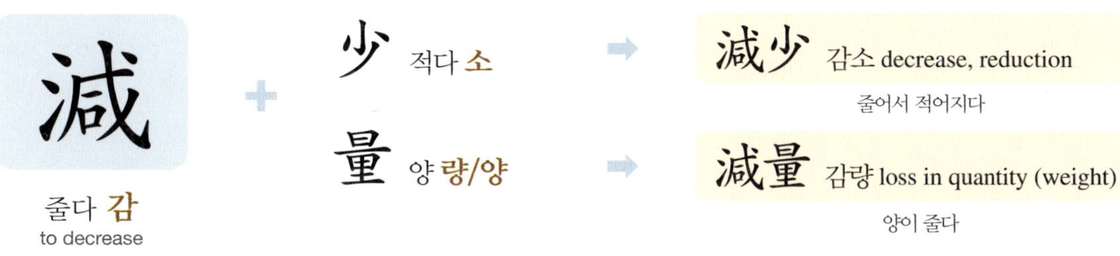


예문 • 농촌 인구가 減少하고 있습니다.

• 체중 減量이 필요합니다.

**Tip**

加減 (가감)하다
This means "addition and subtraction" and "increase and decrease."
Ex. 가감하지 말고 그대로 말해 주세요.

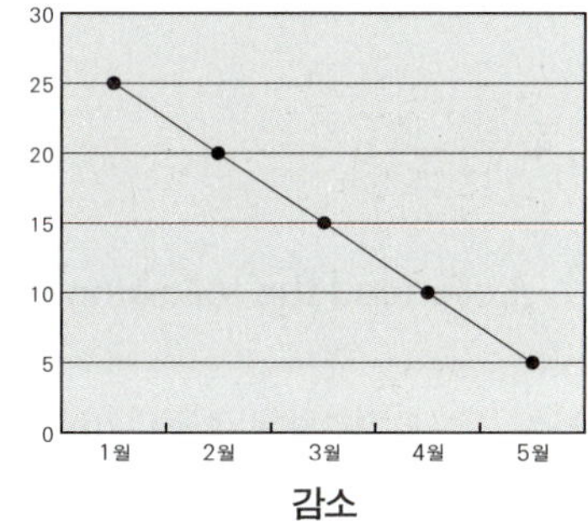


**More Characters** 增 늘다 증 | 參 참여하다 참 | 量 양 량/양

## Let's Practice

1 Choose the correct word from the box below to fill in each blank.

| ① 食費 | ② 交通費 | ③ 授業料 | ④ 観覧料 | ⑤ 給料 |
|---|---|---|---|---|

(1) 점심 식사 5,000원 (　　　　　　)

(2) 영화 8,000원 (　　　　　　)

(3) 새학기 등록 1,000,000원 (　　　　　　)

(4) 월급 2,000,000원 (　　　　　　)

(5) 택시 5,000원 (　　　　　　)

2 Replace 가 in the following sentences with the correct Chinese character. If it's '價', write ① in the blank. If it's '加', write ②.

(1) 도시 인구가 계속 증**가**하고 있습니다. (　　　)

(2) 물**가**가 계속 올라 국민들의 생활이 어려워지고 있습니다. (　　　)

(3) **가**치 있는 인생을 살기 위해서 노력해야 합니다. (　　　)

(4) 어머니와 마라톤 경기에 참**가**했어요. (　　　)

(5) 다른 사람을 평**가**하는 일은 어려워요. (　　　)

3 Let's read the following parapraph.

요즘 신문에서는 (1)**經濟 問題**에 대한 이야기가 많이 나옵니다. 특히 (2)**物價**가 많이 올라서 (3)**生活費**가 많이 든다고 합니다. 이번 달에는 버스와 지하철 (4)**料金**도 오르기 때문에 (5)**交通費**도 더 오를 것 같습니다.

Practice the Chinese characters you learned today.

|  |  |
|---|---|
| 經 다스리다 경 | 부수 糸 총 13획 |
| 濟 구하다 제 | 부수 氵(水) 총 17획 |
| 價 값 가 | 부수 亻(人) 총 15획 |
| 財 재물 재 | 부수 貝 총 10획 |
| 產 낳다 산 | 부수 生 총 11획 |
| 費 쓰다 비 | 부수 貝 총 12획 |
| 料 세다 료/요 | 부수 斗 총 10획 |
| 加 더하다 가 | 부수 力 총 5획 |
| 減 줄다 감 | 부수 氵(水) 총 12획 |

# 5. 職業

## Getting Started

» What kinds of jobs are there? What do you want to be?

### Today's Characters

| | | |
|---|---|---|
| 職 맡다 직 | 業 일 업 | 會 모이다 회 |
| 社 모이다 사 | 者 사람 자 | 員 사람 원 |
| 師 스승 사 | 勞 일하다 로/노 | 成 이루다 성 |

Let's see how the word 職業(직업) is made up.

業

| 말다 직<br>to take, get | 일 업<br>job, work | 직업<br>a job, occupation |
|---|---|---|

- 職員 직원 an employee
- 職場 직장 a workplace
- 就職 취직 employment

- 授業 수업 a lesson, class
- 事業 사업 business
- 工業 공업 industry

Let's find more words that have 職 or 業 in them.

Let's see how the word 會社(회사) is made up.

| 모이다 회<br>to gather | 모이다, 단체 사<br>to gather, group(company) | 회사<br>a company |
|---|---|---|

- 會長 회장 a president, chairman
- 會員 회원 a member
- 同窓會 동창회 class reunion

- 社長 사장 a president of a company
- 社員 사원 an employee, personnel
- 新聞社 신문사 a newspaper company

**Tip**
회사(會社) is often shortened to 사(社).
Ex. 新聞 만드는 會社 ⇨ 新聞社
(A newspaper company)

Let's find more words that have 會 or 社 in them.

**More Characters** 就 이루다 취 | 工 장인 공 | 同 같다 동 | 窓 창 창 | 聞 듣다 문

There are many Chinese characters used for different professions.

科學 과학
技術 기술
勞動 노동

+ 

사람 자 a person

→ 科學者 과학자 a scientist
→ 技術者 기술자 an engineer
→ 勞動者 노동자 a laborer

과학자

---

□ + 員

會社 회사
販賣 판매
從業 종업

+ 

사람 원 a member

→ 會社員 회사원 an office worker
→ 販賣員 판매원 a salesperson
→ 從業員 종업원 an employee

종업원

---

□ + 師

敎 교
醫 의
料理 요리

+ 

스승 사 a teacher

→ 敎師 교사 a teacher
→ 醫師 의사 a doctor
→ 料理師 요리사 a cook

의사

---

□ + 家

小說 소설
音樂 음악
藝術 예술

+ 

전문가 가 an expert

→ 小說家 소설가 a novelist, writer
→ 音樂家 음악가 a musician
→ 藝術家 예술가 an artist

음악가

**More Characters**

科 과목 과 | 技 재주 기 | 術 방법 술 | 販 팔다 판 | 賣 팔다 매 | 從 따르다 종 |
醫 치료하다 의 | 理 다스리다 리/이 | 音 소리 음 | 樂 음악 락/악

## Let's learn words that have 勞(로) in them.

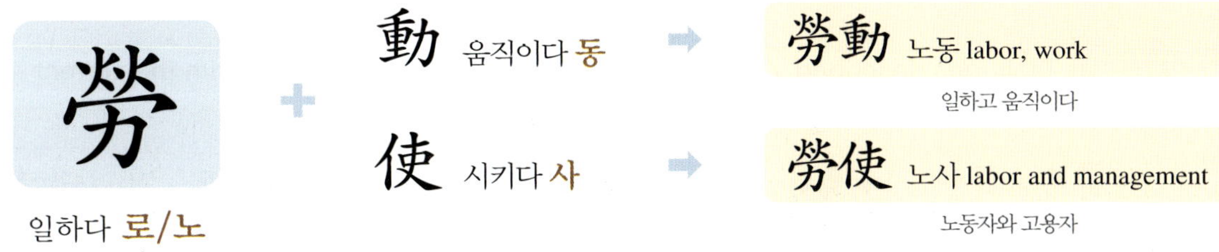


예문
- 오늘날의 발전은 땀 흘려 勞動한 결과이다.
- 이번 월급 문제에 대해 勞使가 잘 타협했다.

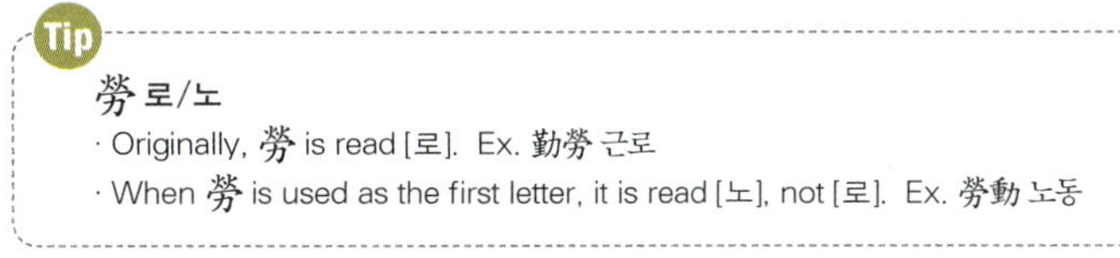

**Tip**

勞 로/노
- Originally, 勞 is read [로]. Ex. 勤勞 근로
- When 勞 is used as the first letter, it is read [노], not [로]. Ex. 勞動 노동

## Let's learn words that have 成(성) in them.

예문
- 어려움이 있었지만 실패 없이 모두 成功했다.
- 열심히 일한 덕분에 이번 일의 成果는 아주 좋았다.
- 한국은 수출을 통해 경제가 많이 成長했다.

**More Characters** 使 시키다 사 | 功 공로 공

## Let's Practice

1 What are their jobs described in the sentences below? Fill in the blanks with the correct characters.

| ① 會社員 | ② 販賣員 | ③ 音樂家 | ④ 科學者 | ⑤ 料理師 | ⑥ 技術者 |
|---|---|---|---|---|---|

(1) 저는 백화점에서 일합니다. 손님들이 물건을 찾을 때 도와드립니다. (　　　)

(2) 맛있는 음식을 만듭니다. 제 음식이 맛있다고 할 때 저는 기쁩니다. (　　　)

(3) 저는 컴퓨터 회사에서 일합니다. 컴퓨터에 문제가 생기면 저를 찾으세요. (　　　)

(4) 매일 지하철을 타고 회사로 출근합니다. 사무실에서 일합니다. (　　　)

2 Fill in the blanks with the correct characters.

| ① 社長 | ② 會社 | ③ 就職 | ④ 職員 | ⑤ 月給 | ⑥ 成功 |
|---|---|---|---|---|---|

(1) 학교를 졸업하고 빨리 (　　　)을 해서 돈을 벌어야겠어요.

(2) 저는 컴퓨터를 공부했으니까 컴퓨터 (　　　)에서 일하고 싶어요.

(3) 누구나 다 자신의 일을 열심히 해서 (　　　)하고 싶어 한다.

(4) 회사에서 누가 가장 월급이 많을까요? 그야 물론 (　　　)이겠지요.

(5) 그 회사는 유명한 회사지만 크지 않아서 (　　　)의 수가 적다.

3 Let's read the following parapraph.

(1)會社의 (2)來年 계획을 위해 (3)社長님과 (4)勞動者 대표들이 회의를 했습니다. 지난해의 계획들이 좋은 (5)成果를 거두었고 (6)會社가 많이 (7)成長했다고 평가했습니다. (8)勞使간의 좋은 관계를 유지하고 앞으로도 회사가 더욱 (9)成長해서 자랑스런 (10)職場이 되었으면 좋겠습니다.

Practice the Chinese characters you learned today.

|  |  |  |  |  |
|---|---|---|---|---|
| 職 | 맡다 직 | 부수 耳 | 총 18획 | 職 職 |
| 業 | 일 업 | 부수 木 | 총 13획 | 業 業 |
| 會 | 모이다 회 | 부수 曰 | 총 13획 | 會 會 |
| 社 | 모이다 사 | 부수 示 | 총 8획 | 社 社 |
| 者 | 사람 자 | 부수 老 | 총 9획 | 者 者 |
| 員 | 사람 원 | 부수 口 | 총 10획 | 員 員 |
| 師 | 스승 사 | 부수 巾 | 총 10획 | 師 師 |
| 勞 | 일하다 로/노 | 부수 力 | 총 12획 | 勞 勞 |
| 成 | 이루다 성 | 부수 戈 | 총 7획 | 成 成 |

# 6. 交通

## Getting Started

» Let's learn the words about transportation in Korea.

### Today's Characters

| | | |
|---|---|---|
| 交 사귀다 교 | 通 통하다 통 | 道 길 도 |
| 路 길 로/노 | 場 장소 장 | 所 자리 소 |
| 線 줄 선 | 乘 타다 승 | 速 빠르다 속 |

Let's see how the word 交通(교통) is made up.

사귀다, 오고 가다 **교**
to make friends with,
to come and go

\+

通

통하다 **통**
to pass, go through

→

교통
transportation

- 交換 교환 an exchange
- 外交 외교 diplomacy
- 交叉路 교차로 an intersection

- 通過 통과 passing, going through
- 通路 통로 a passage
- 通行 통행 passing, transit

Let's find more words that have 交 or 通 in them.

Let's see how the word 道路(도로) is made up.

길 **도**
a way, road

\+

길 **로/노**
a way, road

→

도로
a road

- 車道 차도 a roadway
- 人道 인도 pavement, sidewalk
- 道理 도리 reason, propriety

- 大路 대로 a broad way, main street
- 進入路 진입로 a ramp
- 大學路 대학로 Daehangno

Let's find more words that have 道 or 路 in them.

**More Characters** 換 바꾸다 환 | 叉 엇갈리다 차 | 進 나아가다 진

Let's learn expressions about places.

□ + 場

市 시 + 場 → 市場 시장 a market

運動 운동 + 場 → 運動場 운동장 a playground, play yard

公演 공연 + 場 → 公演場 공연장 an auditorium, stadium

장소 장
a place

□ + 所

研究 연구 + 所 → 研究所 연구소 a research institute (laboratory)

休憩 휴게 + 所 → 休憩所 휴게소 a resting place or stop

案內 안내 + 所 → 案內所 안내소 an information desk

자리 소
a location

□ + 線

車 차 + 線 → 車線 차선 a (traffic) lane

二號 2호 + 線 → 二號線 2호선 no. 2 line

路 노 + 線 → 路線 노선 a route, line

줄 선
a line

**More Characters**

運 돌다 운 | 演 연극 연 | 研 갈다 연 | 究 연구하다 구 | 休 쉬다 휴 | 憩 쉬다 게 |
案 생각 안 | 號 번호 호

Let's learn words that have 乘(승) in them.

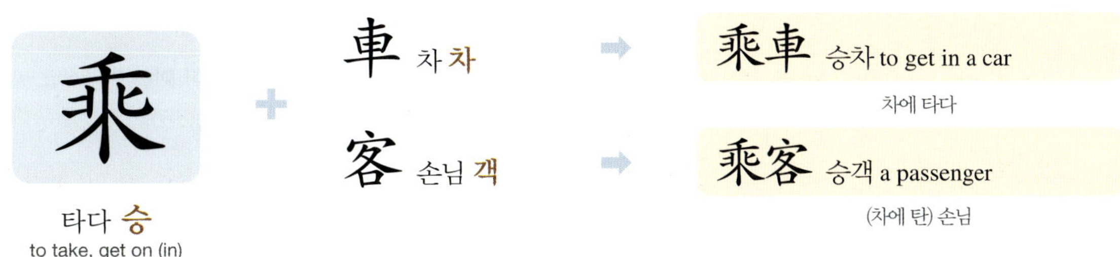


예문
- 휴게소에서 잠시 쉬겠습니다. 乘車 시간은 10분 후입니다.
- 乘客들은 모두 비행기에 탔습니다.

Let's learn words that have 速(속) in them.

예문
- 너무 過速하시네요. 좀 천천히 가세요.
- 高速도로에서는 운전을 특히 조심하세요.

**More Characters** 客 손님 객 | 度 정도 도

## Let's Practice

1 Look at the map and write the appropriate Chinese character in the correct place.

| ① 所 | ② 線 | ③ 場 | ④ 路 |
|---|---|---|---|

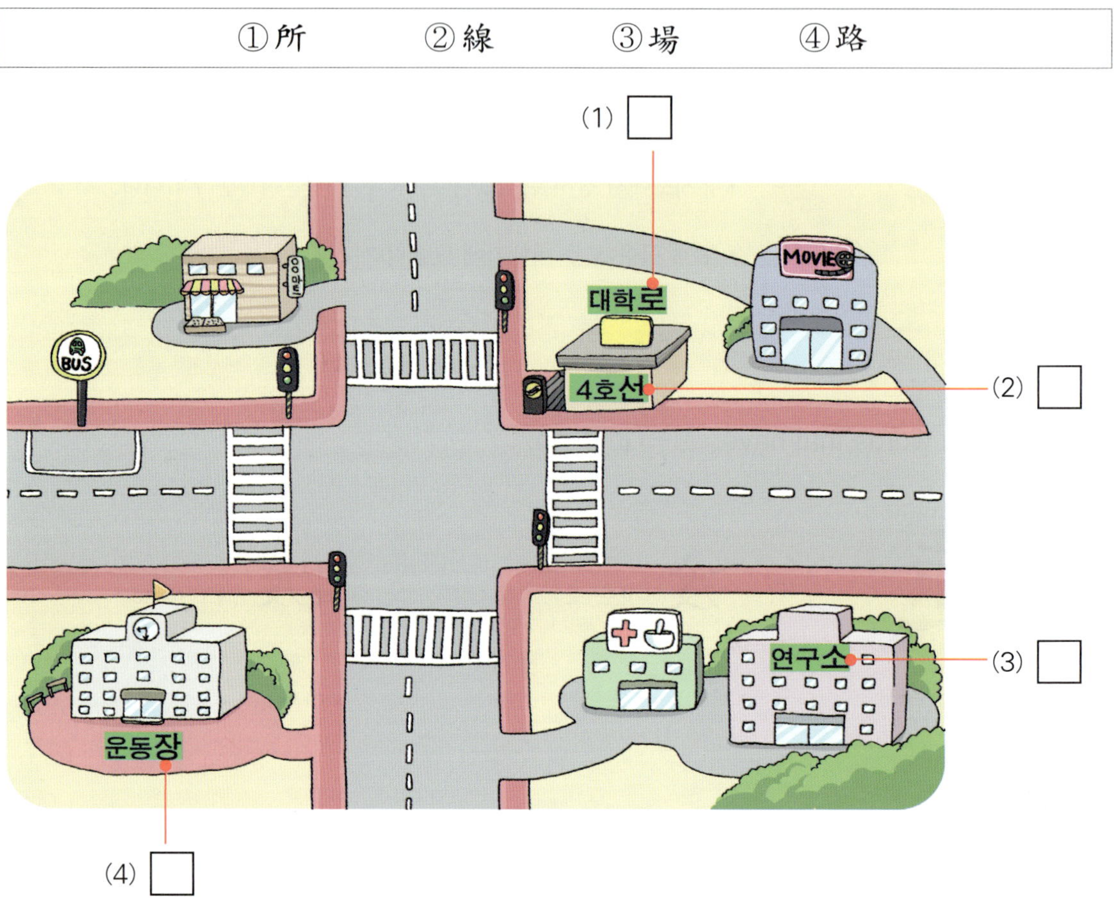


2 Let's read the following parapraph.

서울의 (1)道路는 무척 복잡합니다. (2)交通 문제가 심각하다고 합니다. (3)人口가 많기 때문입니다. 하지만 사람들이 더 조심하면 (4)交通 문제가 해결될 수 있습니다. (5)車線을 지키고 (6)過速을 하지 않고 질서 있게 (7)乘車하는 등 여러 가지 실천할 수 있는 것들이 있습니다.

## Practice the Chinese characters you learned today.

|  |  |  |  |
| --- | --- | --- | --- |
| 交 | 사귀다 교 | 부수 亠 | 총 6획 |
| 通 | 통하다 통 | 부수 辶(辵) | 총 11획 |
| 道 | 길 도 | 부수 辶(辵) | 총 13획 |
| 路 | 길 로/노 | 부수 足 | 총 13획 |
| 場 | 장소 장 | 부수 土 | 총 12획 |
| 所 | 자리 소 | 부수 户 | 총 8획 |
| 線 | 줄 선 | 부수 糸 | 총 15획 |
| 乘 | 타다 승 | 부수 丿 | 총 10획 |
| 速 | 빠르다 속 | 부수 辶(辵) | 총 11획 |

# 7. 大衆文化

## Getting Started

» Popular culture is an important part of our lives. How does it influence us?

### Today's Characters

| | | |
|---|---|---|
| 衆 무리 중 | 化 되다 화 | 送 보내다 송 |
| 映 비치다 영 | 畵 그림 화 | 最 가장 최 |
| 新 새롭다 신 | 視 보다 시 | 聽 듣다 청 |
| 歌 노래 가 | | |

Let's see how the word 大衆文化(대중문화) is made up.

무리 중
a group, crowd

되다 화
to become, get to be

대중문화
popular culture

- 公衆 공중 the public
- 觀衆 관중 an audience
- 民衆 민중 the people
- 變化 변화 change, alteration
- 實用化 실용화 to be put to practical use
- 老化 노화 growing old

Let's find more words that have 衆 or 化 in them.

Let's see how the word 放送(방송) is made up.

送

놓다 방
to release, set free

보내다 송
to send, transmit

방송
broadcasting

- 放學 방학 a vacation
- 放心 방심 absent-mindedness
- 送金 송금 remittance
- 送別會 송별회 a farewell party

Let's find more words, that have 放 or 送 in them.

**More Characters** 公 여러 공 | 變 변하다 변 | 實 열매 실

Let's see how the word 映畫(영화) is made up.

비치다 **영**
to project, reflect

그림 **화**
picture

영화
a film, movie

- 上映 상영 screening, projecting
- 反映 반영 reflection
- 映像 영상 an image, picture
- 畫家 화가 a painter
- 畫面 화면 screen, picture
- 西洋畫 서양화 western painting

Let's find more words, that have 映 or 畫 in them.

There are Chinese characters for superlatives and the new.

가장 **최**
the most, the best

| | | |
|---|---|---|
| 高 고 | → | 最高 최고 the best, maximum |
| 低 저 | → | 最低 최저 the lowest, minimum |
| 善 선 | → | 最善 최선 the best, one's best |

새롭다 **신**
to be new

| | | |
|---|---|---|
| 世代 세대 | → | 新世代 신세대 the new generation |
| 人 인 | → | 新人 신인 a new man, new face |
| 式 식 | → | 新式 신식 a new style, modern |

**More Characters** 反 되돌리다 **반** | 像 모양 **상** | 面 얼굴 **면** | 善 착하다, 좋다 **선**

Let's learn words that have 視(시) in them.

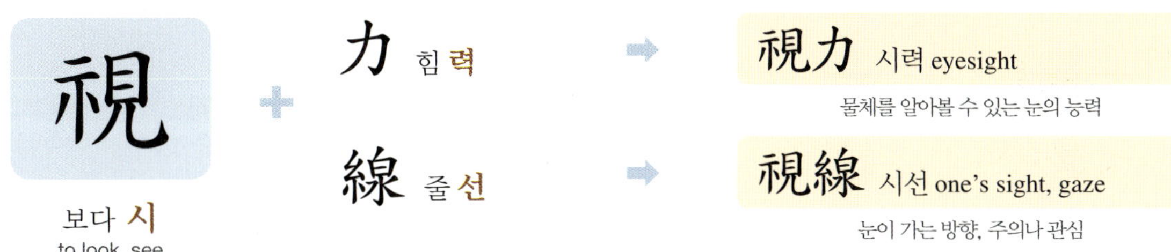


예문
- 視力이 나빠져서 안경을 쓰게 되었다.
- 그 사람은 사람들의 視線을 끄는 매력이 있다.

Let's learn words that have 聽(청) in them.

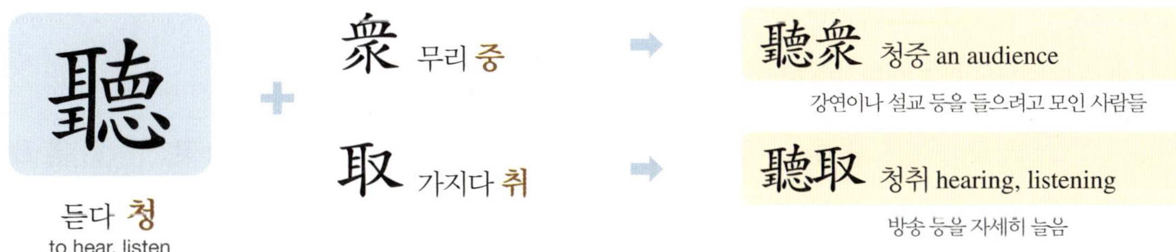


예문
- 그 사람의 강연회에 聽衆이 엄청나게 모였다.
- 그 라디오 프로그램은 젊은이들이 많이 聽取하는 프로그램이다.

Let's learn words that have 歌(가) in them.

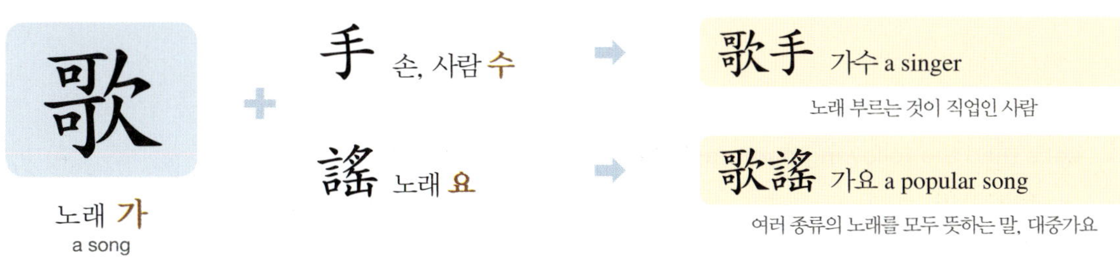


예문
- 歌手가 되고 싶어서 열심히 노래 연습을 하고 있다.
- 한국 歌謠를 많이 들어서 한국 大衆文化를 좋아하게 됐다.

**More Characters** 取 가지다 취 | 謠 노래 요

## Let's Practice

1 **Match the Chinese characters to make words.**

| | |
|---|---|
| (1) 最 • | • (가) 送 |
| (2) 視 • | • (나) 式 |
| (3) 新 • | • (다) 力 |
| (4) 放 • | • (라) 善 |
| (5) 聽 • | • (마) 衆 |

2 **Fill in each blanks with the correct word from the box below.**

| ① 民衆 | ② 最善 | ③ 上映 | ④ 變化 | ⑤ 歌手 | ⑥ 公衆 | ⑦ 畵面 |
|---|---|---|---|---|---|---|

(1) 지금 극장에서 ( )하고 있는 영화 중에서 무슨 영화가 재미있니?

(2) 과학이 발전해서 우리의 생활이 빠르게 ( )하고 있다.

(3) 이 노래를 부르는 ( )가 누구지?

(4) 요즘은 많은 사람들이 휴대폰을 가지고 있어서 거리에서 ( )전화를 쉽게 볼 수가 없어.

(5) 모든 일에 항상 ( )을 다하면 성공할 수 있을 것이다.

3 **Let's read the following parapraph.**

요즘 젊은이들은 (1)**歌手**나 (2)**映畵**배우를 아주 좋아한다. 초등(3)**學生**의 장래희망 중에서도 (4)**歌手**, 운동선수, 배우가 다수를 차지하고 있다. 하지만 (5)**大衆**매체의 하나인 텔레비전은 (6)**視聽者**의 흥미를 끌기 위해 재미 위주의 (7)**放送**만을 해서 (8)**大衆文化**의 수준을 낮추고 있다. 또 청소년들이 외설적이고 폭력적인 (9)**映畵**를 보거나 저질의 노랫말을 가진 (10)**歌謠**를 듣고 생각 없이 따라함으로써 여러 가지 (11)**社會的 問題**가 발생하기도 한다.

 Practice the Chinese characters you learned today.

| 한자 | 뜻·음 | 부수 | 총 획수 | 따라 쓰기 |
|---|---|---|---|---|
| 衆 | 무리 중 | 血 | 총 12획 | 衆 衆 |
| 化 | 되다 화 | 匕 | 총 4획 | 化 化 |
| 送 | 보내다 송 | 辶(辵) | 총 10획 | 送 送 |
| 映 | 비치다 영 | 日 | 총 9획 | 映 映 |
| 畫 | 그림 화 | 田 | 총 13획 | 畫 畫 |
| 最 | 가장 최 | 曰 | 총 12획 | 最 最 |
| 新 | 새롭다 신 | 斤 | 총 13획 | 新 新 |
| 視 | 보다 시 | 見 | 총 12획 | 視 視 |
| 聽 | 듣다 청 | 耳 | 총 22획 | 聽 聽 |
| 歌 | 노래 가 | 欠 | 총 14획 | 歌 歌 |

# 8. 傳統文化

## Getting Started

» Every country has its own cultural heritage. Let's talk about the cultural heritage of your country or Korea.

### Today's Characters

| | | |
|---|---|---|
| 傳 전하다 전 | 統 거느리다 통 | 國 나라 국 |
| 樂 즐기다 락/악 | 民 백성 민 | 代 시대 대 |
| 有 있다 유 | 無 없다 무 | 遺 남기다 유 |
| 古 옛 고 | | |

## Let's learn

Let's see how the word 傳統(전통) is made up.

전하다 **전**
to transmit, deliver, hand down

거느리다, 합치다 **통**
to lead, unify

전통
tradition

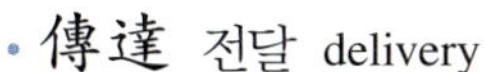

- 傳達 전달 delivery
- 傳說 전설 a legend, myth
- 遺傳 유전 heredity

- 統計 통계 statistics
- 血統 혈통 blood, pedigree
- 統一 통일 unification

Let's find more words that have 傳 or 統 in them.

Let's see how the word 國樂(국악) is made up.

나라 **국**
a nation, country

즐기다, 연주하다 **락/악**
to enjoy, play

국악
Korean classical music

- 國家 국가 a nation, country
- 國民 국민 a people, citizen
- 外國 외국 a foreign country

- 音樂 음악 music
- 樂器 악기 a musical instrument
- 娛樂 오락 amusement, entertainment

Let's find more words that have 國 or 樂 in them.

**More Characters** 達 통하다 달 | 系 잇다 계 | 器 그릇 기 | 娛 즐거워하다 오

- 民(민) means "a people, race." Let's learn some words that have 民 in them.

☐ + 民

國 국 / 市 시 / 失鄕 실향 + 民 (백성 민, a people)

→ 國民 국민 a people, a nation
→ 市民 시민 a citizen
→ 失鄕民 실향민 a displaced person

- Let's learn some words that refer to a certain time or era.

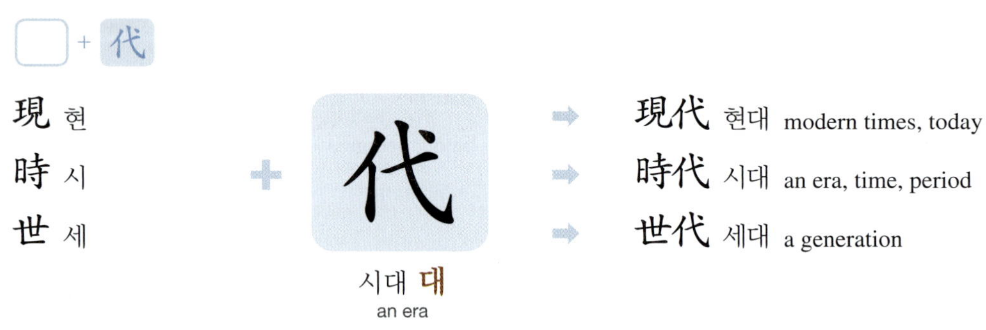


- Let's learn some words with 有(유) and 無(무).

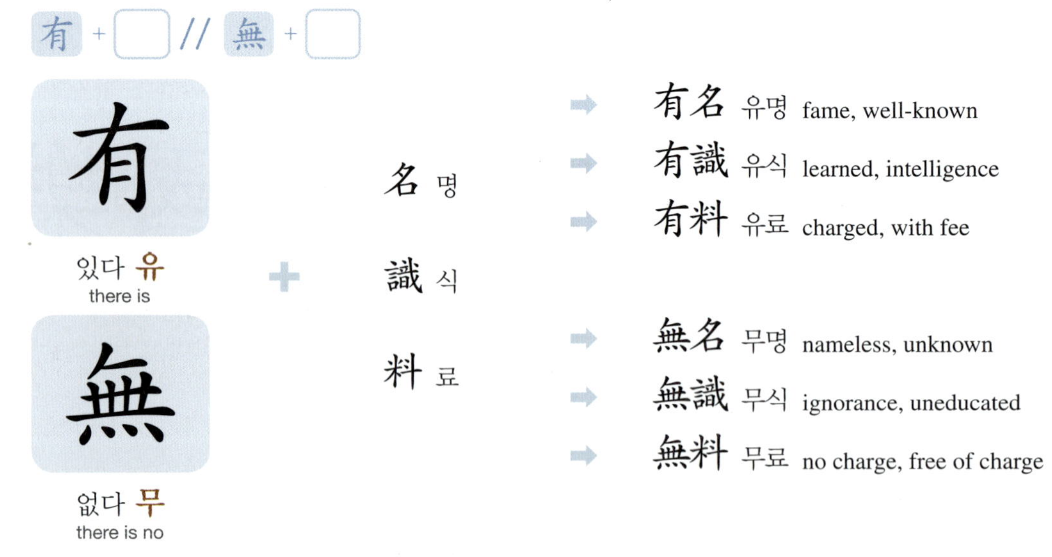


Let's learn some phrases with both 有 and 無 in them.

**Ex.** 有口無言: This means "having no word to say" and "no excuse to offer."
有名無實: This means "being in name only."

**More Characters** 市 시장 시 | 失 잃다 실 | 鄕 시골 향 | 識 알다 식 | 言 말씀 언 | 名 이름 명 | 實 열매 실

Let's learn words that have 遺(유) in them.

예문
- 아버지께서 돌아가셔서 아들이 遺產을 물려받았다.
- 이곳에서 천 년 전의 遺物이 발견되었다.
- 할아버지의 遺言에 따라 재산을 모두 사회에 기부했다.

Let's learn some words that have 古(고) in them.

예문
- 경주는 천 년의 古都이다.
- 박물관에 가면 古代 유물을 많이 볼 수 있다.
- 나는 대중가요보다 古典음악을 좋아하는 편이다.

**More Characters** 都 도시 도 | 典 법, 책 전

## Let's Practice

1 Pick two Chinese characters from the box below and make a word. What words can be formed?

| 國 | 無 | 料 | 古 | 人 | 物 | 內 | 遺 | 代 |
|---|---|---|---|---|---|---|---|---|

2 Read the clues below and fill in the crossword.

| 遺言 | 無料 | 古典音樂 | 有口無言 | 古代遺物 | 國樂 | 遺產 |
|---|---|---|---|---|---|---|

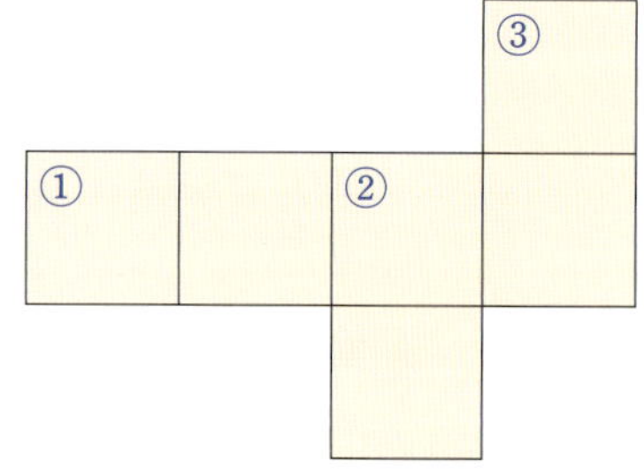


〈가로〉 ① 입은 있으나 할 말이 없다. 변명할 말이 없다.

〈세로〉 ② 값을 받지 않음, 또는 치르지 않음.

③ 죽기 전에 부탁하여 남기는 말.

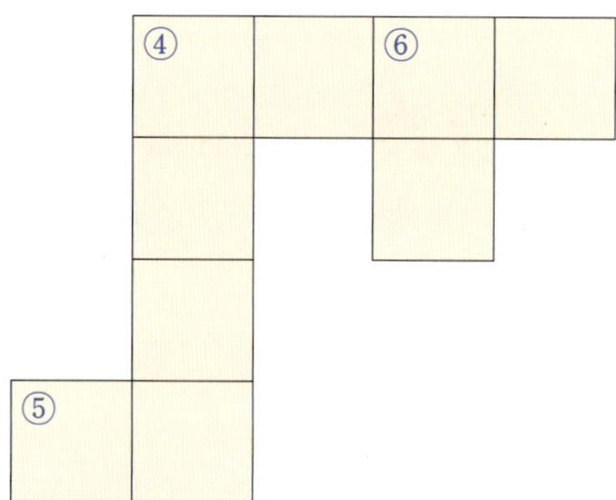


〈가로〉 ④ 옛 시대의 인류가 남겨 놓은 물건.

⑤ 한국의 전통 음악.

〈세로〉 ④ 전통적으로 전해 내려오는 그 나라 고유의 음악, 클래식 음악.

⑥ 죽은 이가 남겨 놓은 재산.

 Practice the Chinese characters you learned today.

| 한자 | 필순 / 부수·획수 |
|---|---|
| 傳 전하다 **전** | 丿 亻 亻 亻 伒 伂 伂 伂 俥 俥 傳 傳 傳<br>부수 亻(人) 총 13획 |
| 統 거느리다 **통** | 幺 幺 幺 糸 糸 糸 紅 紅 紅 紜 統 統<br>부수 糸 총 12획 |
| 國 나라 **국** | 丨 冂 冂 冂 冂 冂 同 同 國 國 國<br>부수 口 총 11획 |
| 樂 즐기다 **락/악** | 丿 亻 白 白 白 ⺯白 ⺯白 ⺯白 ⺯白⺯ 𢆶白𢆶 𢆶白𢆶 樂 樂 樂 樂<br>부수 木 총 15획 |
| 民 백성 **민** | ㇕ ㇕ 尸 尸 民<br>부수 民 총 5획 |
| 代 시대 **대** | 丿 亻 亻 代 代<br>부수 亻(人) 총 5획 |
| 有 있다 **유** | 丿 ナ 才 有 有 有<br>부수 月 총 6획 |
| 無 없다 **무** | 丿 𠂉 二 午 缶 無 無 無 無 無 無 無<br>부수 灬(火) 총 12획 |
| 遺 남기다 **유** | 丶 口 口 中 中 冉 冉 冉 冉 冉 貴 貴 貴 遺 遺 遺<br>부수 辶(辵) 총 16획 |
| 古 옛 **고** | 一 十 十 古 古<br>부수 口 총 5획 |

# 9. 旅行

## Getting Started

» Have you traveled around Korea? Where have you been? Let's learn the words about traveling.

### Today's Characters

| | | |
|---|---|---|
| 旅 나그네 려/여 | 行 다니다 행 | 世 세상 세 |
| 界 경계 계 | 全 모두 전 | 各 각각 각 |
| 名 이름 명 | 休 쉬다 휴 | 食 밥 식 |

Let's see how the word 旅行(여행) is made up.

나그네 려/여
a traveler, wanderer

+

다니다 행
to go to and from

旅行

여행
a travel, trip

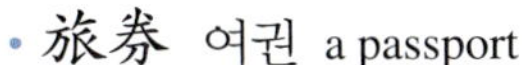

- 旅券 여권 a passport
- 旅館 여관 an inn, hotel
- 旅費 여비 traveling expenses
- 行動 행동 an action, movement
- 行事 행사 an event
- 善行 선행 a good deed

Let's find more words that have 旅 or 行 in them.

Let's see how the word 世界(세계) is made up.

세상 세
the world, society

+

경계, 분야 계
a boundary, field

세계
the world

- 出世 출세 success in life
- 世代 세대 a generation
- 世紀 세기 a century
- 外界人 외계인 an alien
- 限界 한계 a limit, boundary
- 政治界 정치계 the political world

界(계) is used to describe a field.

* 정치계, 경제계, 연예계

Let's find more words that have 世 or 界 in them.

**More Characters** 券 문서 권 | 館 집 관 | 紀 해 기 | 限 한정하다 한 | 政 정사 정 | 治 다스리다 치

全(전) is used to mean "every, all, whole" and 各(각) is used to mean "each, every different."

全 + □

全

모두 전

all, whole

| | | |
|---|---|---|
| 國 국 | → | 全國 전국 the whole country |
| 世界 세계 | → | 全世界 전세계 the whole world |
| 部 부 | → | 全部 전부 everything |

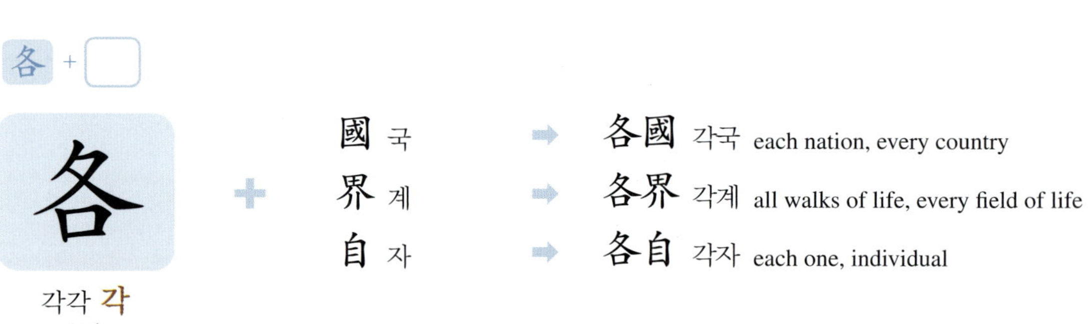

各 + □

各

각각 각

each

| | | |
|---|---|---|
| 國 국 | → | 各國 각국 each nation, every country |
| 界 계 | → | 各界 각계 all walks of life, every field of life |
| 自 자 | → | 各自 각자 each one, individual |

名(명) is used to mean "popular."

名 + □

名

이름 명

a name

| | | |
|---|---|---|
| 所 소 | → | 名所 명소 a noted place, sights (to see) |
| 品 품 | → | 名品 명품 a fine article, luxury goods |
| 門 문 | → | 名門 명문 a distinguished family, noble lineage |

**Tip** 各 and 名 look similar but they have totally different meanings.

**More Characters** 部 나누다 부 | 品 물건 품 | 門 문 문

Let's learn words that have 休(휴) in them.

예문
- 이번 休日에 어디 다녀오셨나요?
- 일을 많이 해서 피곤해. 休息이 필요해.
- 추석이 주말까지 포함해 닷새 連休가 되었네!

Let's learn words that have 食(식) in them.

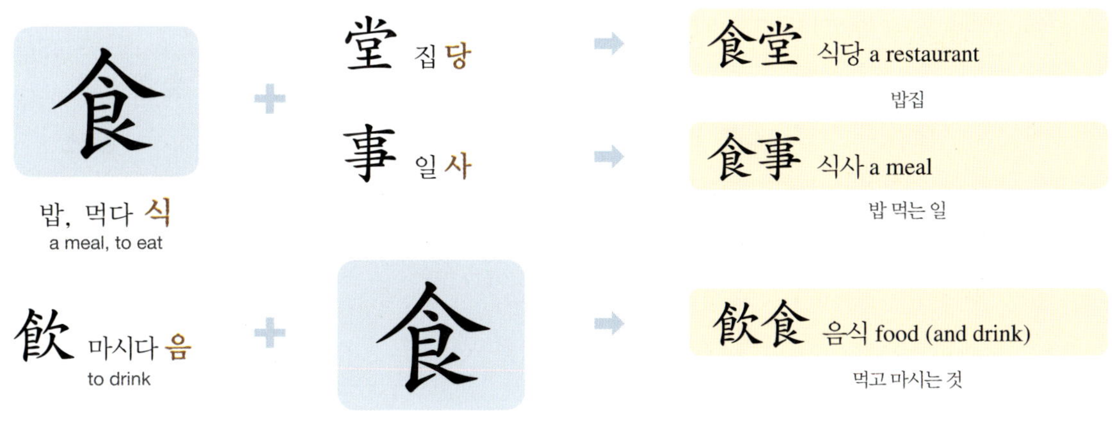


예문
- 배 고프다, 빨리 食堂에 가야겠다.
- 점심 때가 지났는데 아직 食事를 못 하셨어요?
- 손님이 오신다고 하니 飮食을 준비해야겠다.

**More Characters** 息 쉬다 식 | 連 이어지다 련/연 | 堂 집 당 | 飮 마시다 음

## Let's Practice

1 Read the following conversations and fill in the blanks with the correct word.

| ① 行事 | ② 世紀 | ③ 旅券 | ④ 限界 | ⑤ 外界人 | ⑥ 名品 | ⑦ 名門 |
|---|---|---|---|---|---|---|

(1) **가**: 중국 대사관에 비자 받으러 가는데 뭐가 꼭 필요해?

**나**: 비자를 받는 거라면 당연히 ( )이 꼭 필요하지.

(2) **가**: 서울시청 앞길에는 오늘 차가 다닐 수 없대요.

**나**: 오늘 마라톤이 있어요. 특별한 ( )가 있으면 교통을 막잖아요.

(3) **가**: 이탈리아에서 수입한 저 가방이 정말 비싼 거래.

**나**: 백화점에서 파는 그 비싼 ( ) 말이야?

(4) **가**: 너 머리 모양이랑 얼굴 모습이 왜 그렇게 이상하게 보이니? 우주에서 왔니?

**나**: 뭐라고? 내가 ( )처럼 보이니?

2 Talk about your travel plans using the words below.

| 全世界 | 全國 | 有名 | 名所 | 食堂 | |
|---|---|---|---|---|---|
| 連休 | 各國 | 休息 | 飮食 | 旅費 | 各地 |

3 Let's read the following parapraph.

요즘 (1)連休만 되면 (2)全國 곳곳의 (3)名所에 (4)旅行을 즐기는 사람들이 많다고 합니다. (5)旅館도 미리 예약을 하지 않으면 빈 방을 찾기 어렵다고도 합니다. (6)連休에 (7)名所에서 새로운 경험을 하면서 (8)休息을 취하려는 사람이 늘고 있기 때문입니다. (9)旅行을 하며 맛있다고 소문난 (10)食堂에서 특별한 (11)飮食을 맛보는 것도 (12)旅行의 큰 재미입니다. 여러분도 (13)各自 자기 나라뿐 아니라 (14)全世界로 (15)旅行을 떠나는 것도 좋은 경험이 될 것입니다. 그러나 젊은 (16)世代들은 충분한 (17)旅費가 없어서 고민을 하기도 합니다.

Practice the Chinese characters you learned today.

|  |  | | |
|---|---|---|---|
| 旅 나그네 려/여 | 丶 亠 方 方 方' 方' 方' 旅 旅 旅 | | |
| | 부수 方 총 10획 | 旅 | 旅 |
| 行 다니다 행 | 丿 彡 彳 彳' 行 行 | | |
| | 부수 行 총 6획 | 行 | 行 |
| 世 세상 세 | 一 十 廾 廿 世 | | |
| | 부수 一 총 5획 | 世 | 世 |
| 界 경계 계 | 丨 冂 罒 田 田 罗 罗 界 界 | | |
| | 부수 田 총 9획 | 界 | 界 |
| 全 모두 전 | 丿 入 亼 仝 仐 全 | | |
| | 부수 入 총 6획 | 全 | 全 |
| 各 각각 각 | 丿 ク 夂 夂 各 各 | | |
| | 부수 口 총 6획 | 各 | 各 |
| 名 이름 명 | 丿 ク 夕 夕 名 名 | | |
| | 부수 口 총 6획 | 名 | 名 |
| 休 쉬다 휴 | 丿 亻 亻 什 什 休 | | |
| | 부수 亻(人) 총 6획 | 休 | 休 |
| 食 밥 식 | 丿 人 亼 今 今 今 今 食 食 | | |
| | 부수 食 총 9획 | 食 | 食 |

# 10. 學問

## Getting Started

» What kind of studies are you interested in?

### Today's Characters

| | | |
|---|---|---|
| 思 생각하다 사 | 想 생각하다 상 | 理 이치 리/이 |
| 論 말하다 론/논 | 意 뜻 의 | 識 알다 식 |
| 力 힘 력/역 | 未 아니다 미 | 知 알다 지 |
| 實 열매 실 | | |

Let's see how the word 思想(사상) is made up.

생각하다 **사**
to think

+

생각하다 **상**
to think

→

사상
an idea, ideology

- 思考 사고 thought
- 意思 의사 an intention
- 思春期 사춘기 adolescence

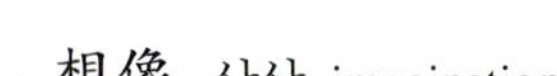

- 想像 상상 imagination
- 豫想 예상 expectation
- 假想 가상 assumption

Let's find more words that have 思 or 想 in them.

Let's see how the word 理論(이론) is made up.

이치 **리/이**
reason

+

말하다 **론/논**
to talk, discuss

→

理論

이론
a theory

- 理由 이유 reason
- 一理 일리 some reason
- 理解 이해 understanding

- 討論 토론 discussion
- 論文 논문 a dissertation, thesis
- 言論 언론 speech

Let's find more words that have 理 or 論 in them.

**More Characters** 考 생각하다 고 | 期 때 기 | 假 거짓 가 | 解 풀다 해 | 討 치다 토

Let's see how the word 意識(의식) is made up.

- 意見 의견 opinion
- 意味 의미 meaning
- 意思疏通 의사소통 communication
- 常識 상식 common sense
- 無識 무식 ignorance
- 認識 인식 recognition

Let's find more words that have 意 or 識 in them.

力(력) is used to express different kinds of power or ability.

When 未(미) is used in a word, it means "not ~ yet."

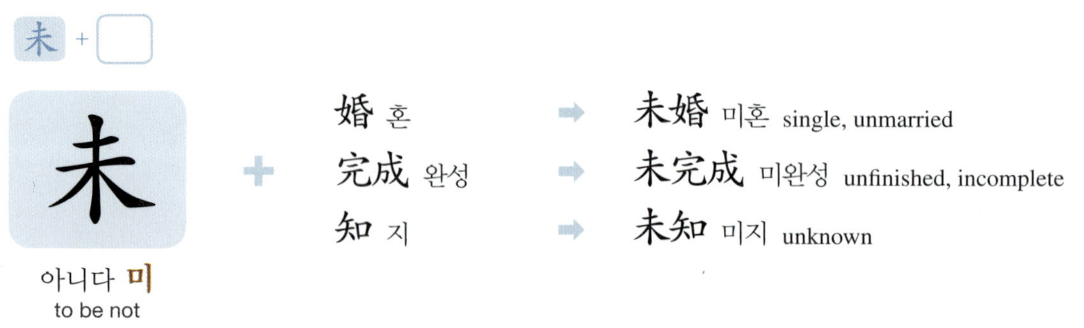


**More Characters**

見 보다 견 | 味 맛 미 | 疏 통하다 소 | 常 항상 상 | 認 알다 인 | 努 힘쓰다 로/노 | 能 잘하다 능 | 完 끝내다 완

Let's learn words that have 知(지) in them.

예문
- 인터넷을 통해 많은 知識을 얻을 수 있다.
- 어린 아이가 어려운 수학 문제를 풀다니, 知能이 보통이 아니네.
- 방학 때 한국에 계신 親知분들께 인사 드리러 가야겠다.

Let's learn words that have 實(실) in them.

예문
- 항상 계획은 잘 세우는데 實踐을 못 해.
- 아르바이트를 하면서 돈 벌기가 얼마나 어려운지 實感했다.
- 나는 학교 일이나 회사일이나 끝까지 誠實하게 한다.

**More Characters** 踐 밟다, 실천하다 천 | 誠 정성 성

## Let's Practice

1 Circle the words vertically or horizontally to make appropriate words.

| | | | | |
|---|---|---|---|---|
| 論 | 討 | 未 | 意 | 味 |
| 理 | 思 | 知 | 識 | 無 |
| 感 | 考 | 想 | 空 | 學 |
| 實 | 力 | 豫 | 問 | 者 |

2 Fill in the blanks with the correct word from the box below.

① 實感　② 無識　③ 豫想　④ 言論　⑤ 假想　⑥ 論文　⑦ 未婚

(1) 교수님이 새로운 연구 결과를 (　　　　)으로 발표했다.

(2) 인터넷 속에서도 새롭게 인간관계가 생기고 새로운 역할들이 생기고 있습니다. 현실과 다른 (　　　　)의 세계라고 합니다.

(3) 아는 게 하나도 없어! 정말 (　　　　)해!

(4) 새로 산 텔레비전 진짜 크고 좋다. 영화 볼 때도 진짜로 눈 앞에 있는 것 같아. 정말 (　　　　) 난다.

(5) 너 알고 있었어? 저 선생님 결혼도 했고, 아이가 셋이나 있대. 처음에는 너무 젊어 보여서 (　　　　)일 거라고 생각했는데…….

3 Let's read the following parapraph.

우리는 일상생활 속에서 끊임없이 (1)**意思疏通**을 하며 삽니다. (2)**意思疏通**은 서로가 (3)**意見**을 전달하고 또 (4)**理解**하는 과정입니다. 하지만 (5)**意思疏通**이 항상 (6)**成功的**인 것만은 아닙니다. 그럴 때 서로 (7)**討論**을 하면서 자기 (8)**意見**의 (9)**理由**를 전달하고 상대방 (10)**意見**이 (11)**一理**가 있다는 것을 (12)**理解**하게 되면 더 나은 (13)**意味**를 찾을 수 있습니다. 상대방이 어떤 (14)**思想**을 가졌나, (15)**知識**이 많은가, (16)**能力**이 뛰어난가 하는 것들은 (17)**意思疏通**을 잘 하는 데 중요한 문제가 아닙니다. 건강한 (18)**常識**을 가지고 (19)**思考**하면서 (20)**誠實**한 자세로 참여하는 것, 그것이 가장 중요하다고 생각합니다.

## Practice the Chinese characters you learned today.

|  |  |
|---|---|
| 思 생각하다 사 | 丶 口 m 田 田 田 思 思 思 / 부수 心 총 9획 |
| 想 생각하다 상 | 一 十 才 木 木 机 相 相 相 相 想 想 想 / 부수 心 총 13획 |
| 理 이치 리/이 | 一 丁 干 王 玎 玑 玾 珇 理 理 理 / 부수 王(玉) 총 11획 |
| 論 말하다 론/논 | 丶 亠 亠 亠 亠 言 言 訁 訡 訡 訡 詥 論 論 論 / 부수 言 총 15획 |
| 意 뜻 의 | 丶 亠 亠 立 立 产 音 音 音 音 意 意 意 / 부수 心 총 13획 |
| 識 알다 식 | 丶 亠 亠 亠 亠 言 言 言 言 言 言 言 諳 諳 諳 諳 識 識 識 / 부수 言 총 19획 |
| 力 힘 력/역 | 𠃌 力 / 부수 力 총 2획 |
| 未 아니다 미 | 一 二 十 未 未 / 부수 木 총 5획 |
| 知 알다 지 | 丿 𠂉 乛 午 矢 矢 知 知 / 부수 矢 총 8획 |
| 實 열매 실 | 丶 丶 宀 宀 宀 宀 宀 宀 實 實 實 實 實 實 / 부수 宀 총 14획 |

# 11. 言語

## Getting Started

» Let's talk about the things we do using language, whether spoken or written.

### Today's Characters

| | | |
|---|---|---|
| 言 말씀 언 | 語 말씀 어 | 用 사용하다 용 |
| 法 법 법 | 館 집, 관청 관 | 店 가게 점 |
| 話 말하다 화 | 談 말하다 담 | 記 기록하다 기 |
| 作 짓다 작 | | |

Let's see how the word 言語(언어) is made up.

말씀 언
words, language

말씀 어
words, language

언어
language

- 言論 언론 speech
- 言爭 언쟁 an argument
- 失言 실언 a slip of the tongue
- 韓國語 한국어 the Korean language
- 外國語 외국어 a foreign language
- 單語 단어 a word

Let's find more words that have 言 or 語 in them.

Let's see how the word 用法(용법) is made up.

사용하다 용
to use

법 법
a law, rule

용법
usage

- 利用 이용 utilization
- 活用 활용 practical use
- 費用 비용 expense(s), a cost
- 法律 법률 law
- 法官 법관 a judge
- 國際法 국제법 international law

Let's find more words that have 用 or 法 in them.

**More Characters** 爭 싸우다 쟁 | 單 혼자 단 | 律 법 률/율 | 官 벼슬 관 | 際 사이 제

Let's learn some words about buildings or stores.

Let's learn some words that have something to do with language, both spoken and written.

예문 • 그 사람과 공통 話題가 별로 없어서 재미가 없었어.

**More Characters**

圖 그림 도 | 體 몸 체 | 博 넓다 박 | 貨 돈, 물품 화 | 露 이슬 로/노 | 本 근본 본 |
對 대답하다 대

弄 놀리다 농

相 서로 상

\+

말씀, 말하다 담
words, to talk

→ 弄談 농담 a joke

→ 相談 상담 counsel, consultation

예문 • 대학 진학 문제 때문에 선생님과 相談을 했다.

---

記 + 錄 기록하다 록 → 記錄 기록 a record, document

日 날, 해 일 + 記 → 日記 일기 a diary

記: 기록하다, 쓰다 기
to record, write

예문 • 규장각에 가면 역사적인 記錄을 많이 찾아볼 수 있다.

---

作

(글을) 짓다 작
to write (a composition), to compose

\+

文 문장 문 → 作文 작문 composition

家 전문가 가 → 作家 작가 a writer

예문 • 作文 숙제를 아직 하지 않아서 걱정이다.

**More Characters** 弄 놀리다 농 | 相 서로 상 | 錄 기록하다, 문서 록/녹

## Let's Practice

1 Fill in the blanks with the correct word from the box below.

| ① 對話 | ② 相談 | ③ 記錄 | ④ 作文 | ⑤ 弄談 | ⑥ 言爭 |
|---|---|---|---|---|---|

(1) 친구와 가벼운 (            )을 하다가 진짜 싸움이 되었어요.

(2) 요즘 건강이 안 좋아 보여요. 병원에 가서 좀 (            )을 해보세요.

(3) 가족들의 (            )가 적어져서 사회 문제까지 되고 있다고 합니다.

(4) 매일 있었던 일을 일기장에 (            )을 해두면 개인의 역사가 되겠지요?

(5) (            )을 너무 많이 하면 가벼운 사람으로 취급된다.

(6) 쓰기 시험에 10문장 이상을 써야 하는 (            ) 문제가 있어서 시간이 모자랐다.

2 Where are the situations below happening? Fill in the blanks with the correct word from the box below.

| ① 大使館 | ② 圖書館 | ③ 體育館 | ④ 書店 | ⑤ 百貨店 | ⑥ 露店 |
|---|---|---|---|---|---|

(1) 인도로 여행을 가려고 비자를 받습니다. (            )

(2) 친구와 농구 경기를 봅니다. (            )

(3) 신발과 옷을 사려고 쇼핑하고 있습니다. (            )

(4) 길에서 떡볶이를 먹고 있습니다. (            )

(5) 책을 빌립니다. (            )

(6) 소설책과 잡지를 사고 있습니다. (            )

3 Let's read the following parapraph.

저는 (1)**學生**이면서 선생님입니다. 오전에는 (2)**韓國語**를 배우고 오후에는 (3)**中國語**를 가르칩니다. (4)**外國語**를 배우는 것은 쉽지 않습니다. (5)**單語**도 많이 외워야 하고 매일 (6)**作文** 숙제도 해야 합니다. 하지만 (7)**外國語**를 가르치는 일은 더 어렵습니다. 저는 (8)**中國語**를 재미있게 가르치기 위해 매일 (9)**圖書館**이나 (10)**書店**에 가서 여러 가지 아이디어를 찾습니다.

**Practice the Chinese characters you learned today.**

| 한자 | 훈음 | 필순 | 부수 | 총획 | 따라 쓰기 |
|---|---|---|---|---|---|
| 言 | 말씀 언 | 丶 亠 亠 亖 言 言 言 | 言 | 총 7획 | 言 言 |
| 語 | 말씀 어 | 丶 亠 亠 亖 言 言 言 訁 訂 訏 語 語 語 語 | 言 | 총 14획 | 語 語 |
| 用 | 사용하다 용 | 丿 冂 月 月 用 | 用 | 총 5획 | 用 用 |
| 法 | 법 법 | 丶 丶 氵 氵 汢 汢 法 法 | 氵(水) | 총 8획 | 法 法 |
| 館 | 집, 관청 관 | 丿 𠂉 𠂉 今 今 今 今 食 食 食 食 飠 飠 飠 館 館 館 | 食 | 총 17획 | 館 館 |
| 店 | 가게 점 | 丶 亠 广 广 庐 庐 店 店 | 广 | 총 8획 | 店 店 |
| 話 | 말하다 화 | 丶 亠 亠 亖 言 言 言 訁 訁 訐 話 話 話 | 言 | 총 13획 | 話 話 |
| 談 | 말하다 담 | 丶 亠 亠 亖 言 言 言 言 訁 訁 訁 訁 談 談 談 | 言 | 총 15획 | 談 談 |
| 記 | 기록하다 기 | 丶 亠 亠 亖 言 言 言 訁 訂 記 | 言 | 총 10획 | 記 記 |
| 作 | 짓다 작 | 丿 亻 亻 𠂉 竹 作 作 | 亻(人) | 총 7획 | 作 作 |

# 12. 科學

## Getting Started

» Let's talk about world-famous scientists.

Albert Einstein

Thomas Alva Edison

### Today's Characters

| | | |
|---|---|---|
| 發 피다 발 | 見 보다 견 | 技 재주 기 |
| 術 방법 술 | 非 아니다 비 | 不 아니다 불/부 |
| 進 나아가다 진 | 科 과목 과 | 利 이롭다 리/이 |

## Let's learn

Let's see how the word 發見(발견) is made up.

+

피다, 밝히다 **발**
to come out, uncover

보다 **견**
to see

발견
discovery

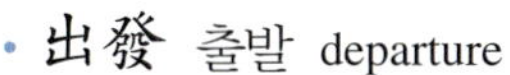

- 出發 출발 departure
- 發明 발명 invention
- 發展 발전 development

- 意見 의견 an opinion
- 偏見 편견 a prejudice, bias
- 見學 견학 a field trip

Let's find more words that have 發 or 見 in them.

Let's see how the word 技術(기술) is made up.

+ 術 → 技術

재주 **기**
ability, talent, skill

방법 **술**
a way, method, means

기술
technique

- 競技 경기 a game
- 特技 특기 special ability

- 美術 미술 art, the fine arts
- 藝術 예술 art

Let's find more words that have 技 or 術 in them.

**More Characters** 展 펴다 전 | 偏 치우치다 편 | 競 겨루다 경 | 特 특별하다 특

Let's learn some Chinese characters that have negative meanings.

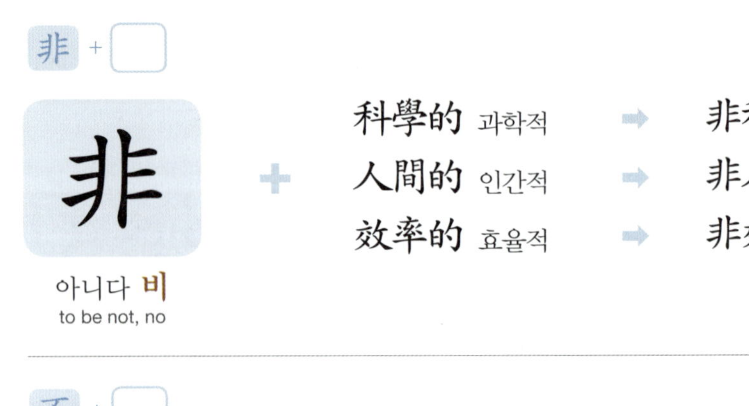

非 + ☐

非
아니다 비
to be not, no

科學的 과학적 → 非科學的 비과학적 unscientific
人間的 인간적 → 非人間的 비인간적 inhuman
效率的 효율적 → 非效率的 비효율적 inefficient

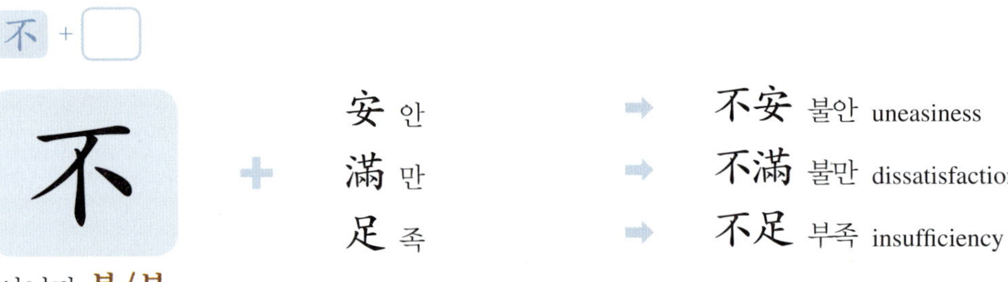

不 + ☐

不
아니다 불/부
to be not, no

安 안 → 不安 불안 uneasiness
滿 만 → 不滿 불만 dissatisfaction
足 족 → 不足 부족 insufficiency

**Tip**
When ㄷ or ㅈ comes after 不, 不 is read [부], not [불].

Let's learn words that have 進(진) in them.

進
나아가다 진
to advance, proceed

步 걷다 보 → 進步 진보 progress, improvement
사물의 내용이나 정도가 나아지는 일

行 다니다 행 → 進行 진행 progress, advance
일이 앞으로 나아감

예문
- 과학과 문명의 발달로 인류는 끊임없이 進步한다.
- 그 일이 복잡해서 進行이 늦어지고 있다.

**More Characters**
效 본받다 효 | 率 비율 률/율 | 安 편안하다 안 | 滿 가득하다 만 | 足 만족하다 족 |
步 걷다 보

## Let's learn words that have 科(과) in them.

예문
- 科學이 발전함에 따라 생활이 편리해졌다.
- 나는 수학 科目을 제일 좋아해서 수학科에 가려고 한다.
- 감기에 걸려서 內科에 갔다.

## Let's learn words that have 利(리/이) in them.

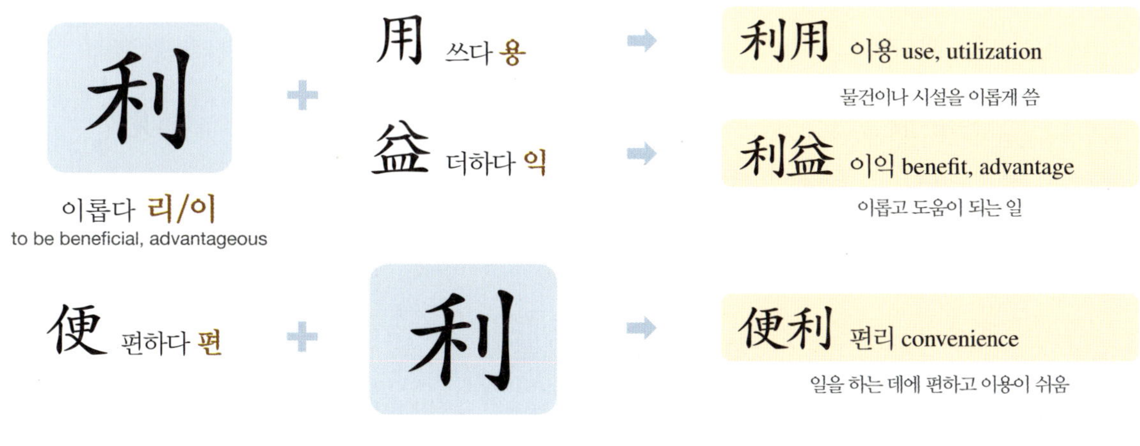


예문
- 나는 학교 갈 때 지하철을 利用한다.
- 내 손으로 직접 만드는 것이 사는 것보다 利益이다.
- 인터넷을 통해 기차표나 극장표를 예약하면 매우 便利하다.

**More Characters** 益 더하다 익 | 便 편하다 편

## Let's Practice

1 **Fill in the blanks with the correct word from the box below.**

| ①科學 ②出發 ③發見 ④利益 ⑤內科 ⑥利用 ⑦發展 ⑧便利 |
|---|

(1) 감기에 걸려서 (　　　　　)에 갔다.

(2) 지하철은 빠르고 (　　　　　)하다.

(3) 이 기차는 9시에 서울을 (　　　　　)해서 부산에 2시에 도착합니다.

(4) 저희 백화점을 (　　　　　)해 주시는 손님 여러분, 감사합니다.

(5) 불을 사용하면서부터 인류의 문명이 (　　　　　)하기 시작했다.

2 **Which Chinese character fits both blanks? Choose the correct character form the box common to both characters.**

| ①科 ②利 ③術 ④技 ⑤發 ⑥非 ⑦不 |
|---|

**Ex.** ( 科 )學, 內( 科 )

(1) (　　　)用, 便(　　　)

(2) 出(　　　), (　　　)見

(3) (　　　)安, (　　　)信

(4) 美(　　　), 藝(　　　)

3 **Let's read the following paragraph.**

> (1)**科學 技術**이 (2)**發展**하면서 (3)**人間**의 (4)**生活**은 (5)**想像**할 수 없을 만큼 (6)**便利**해졌다. 특히 컴퓨터가 (7)**發明**된 후 (8)**社會**는 빠르게 (9)**變化**하고 있다. 이제 인터넷을 통해 (10)**物件**을 사거나 표를 예매하는 것은 더 이상 놀랄 일이 아니다. 하지만 (11)**科學**의 급속한 (12)**發展**은 부작용도 가져 왔다. 환경이 파괴되어 (13)**空氣**도 오염되고 (14)**人間**이 점점 기계에 의존하게 된 것이다. 급속한 (15)**科學 發展**이 (16)**人間**에게 어떤 결과들을 남기고 있는지 한 번쯤 생각해 봐야 한다.

## Practice the Chinese characters you learned today.

| 한자 | 뜻·음 | 부수 | 획수 |
|---|---|---|---|
| 發 | 피다 발 | 부수 癶 | 총 12획 |
| 見 | 보다 견 | 부수 見 | 총 7획 |
| 技 | 재주 기 | 부수 扌(手) | 총 7획 |
| 術 | 방법 술 | 부수 行 | 총 11획 |
| 非 | 아니다 비 | 부수 非 | 총 8획 |
| 不 | 아니다 불/부 | 부수 一 | 총 4획 |
| 進 | 나아가다 진 | 부수 辶(辵) | 총 12획 |
| 科 | 과정 과 | 부수 禾 | 총 9획 |
| 利 | 이롭다 리/이 | 부수 刂(刀) | 총 7획 |

# 13. 부수 I

1. You can search a Chinese character in a dictionary by its main radical.
2. You can infer the meaning of a Chinese character by the main radical.
   The Chinese characters with the same main radical have related meanings.

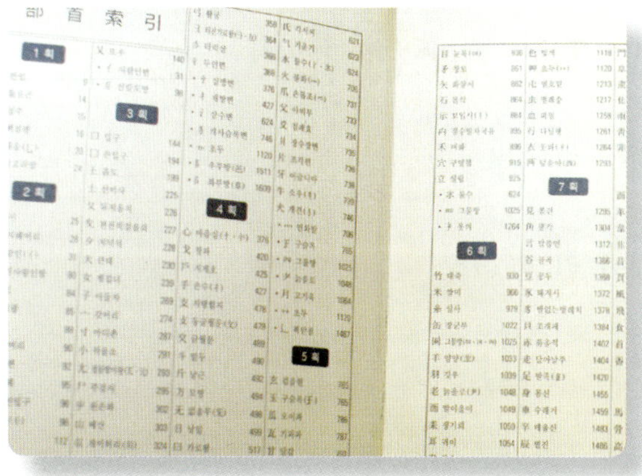

» Learn the structure and meaning of a Chinese character by its main radical.

宀 갓머리 **This main radical has to do with "a house."**

|  | |  |  |
|---|---|---|---|
| 家 | 집 가 a house | 宀 + 豕 | 家族 가족 a family |
| 室 | 방 실 a room | 宀 + 至 | 教室 교실 a classroom |
| 宅 | 집 택 a house | 宀 + 毛 | 住宅 주택 a house |

## 木 나무목 This main radical has to do with "a tree."

| | | | | | |
|---|---|---|---|---|---|
| 果 열매 **과** fruit | 田 | + | 木 | 結果 결과 a result |
| 林 수풀 **림/임** forest | 木 | + | 木 | 林野 임야 forests and fields |
| 本 근본 **본** basis | 木 | + | 一 | 根本 근본 a basis |

## 氵 삼수변 This main radical has to do with "water."

| | | | | |
|---|---|---|---|---|
| 江 강 **강** river | 氵 | + | 工 | 漢江 한강 the Han river |
| 洗 씻다 **세** to wash | 氵 | + | 先 | 洗手 세수 washing up |
| 海 바다 **해** sea, ocean | 氵 | + | 每 | 東海 동해 the East Sea |

## 亻 사람인 This main radical has to do with "a person, man."

| | | | | |
|---|---|---|---|---|
| 休 쉬다 **휴** to rest | 亻 | + | 木 | 連休 연휴 consecutive holiday |
| 信 믿다 **신** to trust, believe | 亻 | + | 言 | 自信感 자신감 confidence |
| 位 자리 **위** position | 亻 | + | 立 | 位置 위치 location |

## 雨 비우 This main radical has to do with "rain."

| | | | |
|---|---|---|---|
| 雪 눈 설 snow | 雨 + ⺕ | 白雪 백설 white snow |
| 雲 구름 운 cloud | 雨 + 云 | 雲海 운해 a sea of clouds |
| 電 번개 전 lightning | 雨 + 电 | 電氣 전기 electricity |

## 艹 (艸) 초두머리 This main radical has to do with "flower, grass, tea."

| | | |
|---|---|---|
| 花 꽃 화 flower | 艹 + 化 | 花園 화원 a flower garden |
| 草 풀 초 grass | 艹 + 早 | 花草 화초 flowering plants |
| 茶 차 차/다 tea | 艹 + 余 | 茶器 다기 tea-things |

## 見 볼견 This main radical has to do with "see, watch."

| | | |
|---|---|---|
| 視 보다 시 to see | 示 + 見 | 視聽 시청 seeing and hearing |
| 觀 보다 관 to watch | 雚 + 見 | 觀光 관광 sightseeing |
| 親 친하다 친 to be close | 亲 + 見 | 親舊 친구 a friend |

## Let's Practice

1 Match each Chinese character with the correct main radical.

(1) 家 • • (가) 氵

(2) 林 • • (나) 宀

(3) 海 • • (다) 木

(4) 雪 • • (라) 亻

(5) 休 • • (마) 雨

2 Which one of the following characters is not related to "water"?

① 江　② 草　③ 洗　④ 海

3 Which one of the following has a different main radical?

① 視　② 觀　③ 室　④ 親

4 What is the main radical the following characters have in common?

| 末 | 休 | 林 | 根 | 松 | 未 |
|---|---|---|---|---|---|

① 亻　② 木　③ 氵　④ 宀

# 14. 부수 II

Let's learn the structure and meaning of a Chinese character by its main radical.

| 力 | 힘력 | This main radical has to do with "power, to work." |
|---|---|---|

| Character | Meaning / Sound | Structure | Example |
|---|---|---|---|
| 勞 | 일하다 로/노 to work | 𤇾 + 力 | 勞力 노력 effort |
| 動 | 움직이다 동 to move | 重 + 力 | 動物 동물 an animal |
| 加 | 더하다 가 to add | 力 + 口 | 增加 증가 increase |

| 子 | 아들자 | This main radical has to do with "man, son." |
|---|---|---|

| Character | Meaning / Sound | Structure | Example |
|---|---|---|---|
| 孫 | 손자 손 grandson | 子 + 系 | 孫子 손자 a grandson |
| 孝 | 효도 효 filial piety | 耂 + 子 | 孝子 효자 a dutiful son |
| 字 | 글자 자 letter, character | 宀 + 子 | 漢字 한자 a Chinese character |

## 女 계집녀 This main radical has to do with "woman, daughter."

| | | | | | |
|---|---|---|---|---|---|
| 婚 결혼하다 **혼** to get married | 女 | + | 昏 | 未婚 미혼 a single |
| 好 좋다 **호** to like | 女 | + | 子 | 好意 호의 goodwill, favor |
| 妻 아내 **처** wife | 㚐 | + | 女 | 妻家 처가 one's wife's home |

## 忄(心) 마음심 This main radical has to do with "heart, mind."

| | | | | |
|---|---|---|---|---|
| 情 뜻 **정** mind, feeling | 忄 | + | 青 | 人情 인정 humanity |
| 感 느끼다 **감** to feel | 咸 | + | 心 | 感動 감동 impression |
| 想 생각 **상** thought | 相 | + | 心 | 想像 상상 imagination |

## 辶(辵) 책받침 This main radical means "to move."

| | | | | |
|---|---|---|---|---|
| 進 나아가다 **진** to go forth | 辶 | + | 隹 | 前進 전진 an advance |
| 通 통하다 **통** to go through | 辶 | + | 甬 | 交通 교통 traffic |
| 道 길 **도** a way, road | 辶 | + | 首 | 道路 도로 a road |

## 言 말씀언 This main radical has to do with "words, language."

| | | | | | |
|---|---|---|---|---|---|
| 語 말씀 어 words, language | 言 | + | 吾 | 外國語 외국어 | a foreign language |
| 話 이야기 화 story | 言 | + | 舌 | 對話 대화 | conversation |
| 記 기록하다 기 to write | 言 | + | 己 | 日記 일기 | a diary |

## 灬 (火) 연화발 This main radical has to do with "fire, hot."

| | | | | | |
|---|---|---|---|---|---|
| 照 비추다 조 to light | 昭 | + | 灬 | 照明 조명 | lighting |
| 熱 뜨겁다 열 to be hot | 埶 | + | 灬 | 熱 열 | heat |
| 無 없다 무 there is no | 無 | + | 灬 | 無料 무료 | no charge |

## 口 입구 This main radical has to do with "mouth."

| | | | | | |
|---|---|---|---|---|---|
| 問 묻다 문 to ask | 門 | + | 口 | 質問 질문 | a question |
| 哭 울다 곡 to cry | 口 | + | 犬 | 痛哭 통곡 | loud weeping |
| 呼 부르다 호 to call | 口 | + | 乎 | 呼名 호명 | calling |

## Let's Practice

1 Match each Chinese character with the correct main radical.

| | |
|---|---|
| (1) 婚 • | • (가) 力 |
| (2) 孝 • | • (나) 言 |
| (3) 動 • | • (다) 心 |
| (4) 話 • | • (라) 女 |
| (5) 愛 • | • (마) 子 |

2 Which one of the following characters is not related to "fire, hot"?

① 照　② 熱　③ 想　④ 無

3 Which one of the following has a different main radical?

① 言　② 問　③ 器　④ 呼

4 What is the main radical the following characters have in common?

| 通　道　進　送　速　遺 |
|---|

① 力　② 子　③ 言　④ 辶

# Appendix

## Answer | Index

## Let's Practice Beginner : Answer

### 1과

1. (1) 四十, 六十, 七十
   (2) 七百, 九百, 千百

2. (1) 三十四 (2) 二十五

3. (1) 二萬五千 (2) 千七百五十

4. (Example) 방번호: 三百十二,
   버스번호: 五百十二

### 2과

1. (1) 4월 16일
   (2) 4월 25일
   (3) 화요일

2. (1) 分 (가) 등록금
   (2) 金 (나) 시간
   (3) 時 (다) 분수

3. (1) ② 日, ② 日
   (2) ④ 月, ② 日, ⑦ 木, ② 日
   (3) ③ 水, ① 金

### 3과

1. (1) ③ 高 (2) ① 長 (3) ⑦ 少
   (4) ⑥ 入 (5) ② 大

2.

| | 한자 | 뜻 | 음 |
|---|---|---|---|
| (1) | 短 | 짧다 | 단 |
| (2) | 多 | 많다 | 다 |
| (3) | 外 | 바깥 | 외 |
| (4) | 少 | 적다 | 소 |

3. (1) 長 (가) 外
   (2) 少 (나) 入
   (3) 內 (다) 多
   (4) 低 (라) 短
   (5) 大 (마) 小
   (6) 出 (바) 高

### 4과

1. ① 東 ② 西 ④ 北 ③ 南

2. (1) ① 前 (2) ⑤ 左右
   (3) ⑤ 左右 (4) ② 後
   (5) ④ 右 (6) ③ 左

### 5과

1. (1) 石 (가) 청계천
   (2) 川 (나) 해물
   (3) 地 (다) 보석
   (4) 海 (라) 지하철
   (5) 人 (마) 외국인

2.

| | 한자 | 뜻 | 음 |
|---|---|---|---|
| (1) | 間 | 사이 | 간 |
| (2) | 天 | 하늘 | 천 |
| (3) | 星 | 별 | 성 |
| (4) | 林 | 수풀 | 림 |

3. (1) ② 間 (2) ④ 江 (3) ⑤ 山

## 6과

1. (1) ① 耳 (2) ② 目
   (3) ④ 鼻 (4) ③ 口

2. (1) ③ 手, ⑤ 足 (2) ② 心, ④ 身

3.

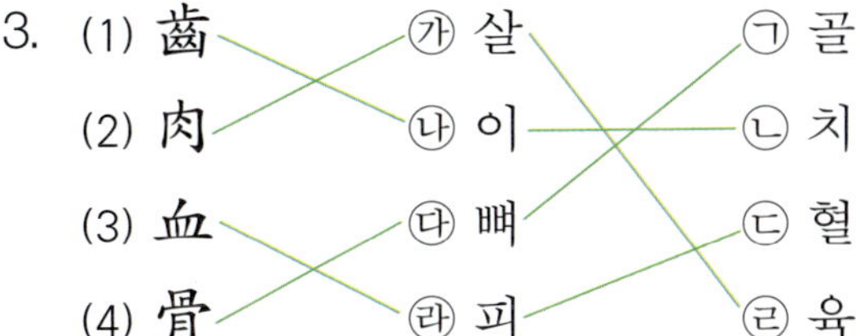


## 7과

1. (1) ② 黃 (2) ① 赤 (3) ⑤ 青
   (4) ④ 黑 (5) ⑥ 白 (6) ③ 綠

2.

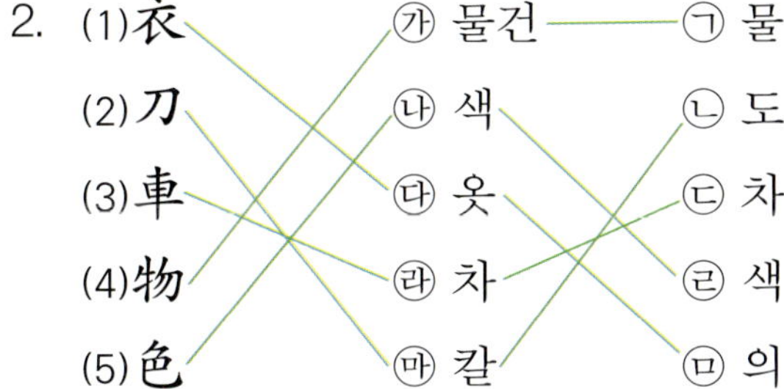


## 8과

1. (1) ② 雪 (2) ④ 雨
   (3) ③ 雲 (4) ① 風

2. (1) ④ 冬 (2) ① 春
   (3) ② 夏 (4) ③ 秋

3. (Example)
   (1) 저는 春夏秋冬 4계절 중에서 봄을 가장 좋아합니다.
   (2) 溫水를 마십니다.

## 9과

1. (1) ⑤ 馬 (2) ⑧ 鳥 (3) ⑨ 竹
   (4) ① 果 (5) ② 花 (6) ⑥ 魚
   (7) ③ 木 (8) ⑦ 貝 (9) ④ 牛

2.

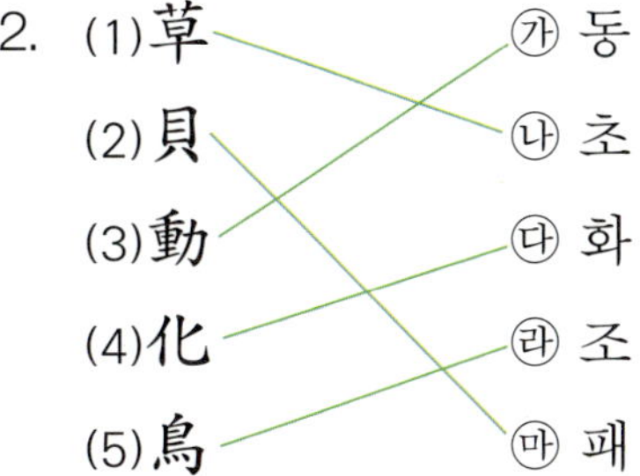


## 10과

1. (1) ③ 祖父 (2) ④ 祖母
   (3) ① 父 (4) ② 母
   (5) ⑤ 兄 (6) ⑥ 弟

## Let's Practice Beginner : Answer

2.

| | | | | |
|---|---|---|---|---|
| ②父 | | | ③孫 | ④子 |
| ①母 | 女 | | | 女 |
| | | | | |
| | | | ⑤好 | 感 |
| ⑥祖 | 母 | | 奇 | |
| 父 | | | 心 | |

### 11과

1.

| | | |
|---|---|---|
| (1) 法 | ㉮ 대답 | ㉠ 문 |
| (2) 問 | ㉯ 묻다 | ㉡ 답 |
| (3) 答 | ㉰ 글월 | ㉢ 법 |
| (4) 文 | ㉱ 법 | ㉣ 문 |

2. (1) ① 先, ③ 生
   (2) ② 敎, ⑤ 室
   (3) ④ 學, ③ 生

3. (Example)
   (1) 學校(학교)에서 한국어 공부를 합니다.
   (2) 우리 先生(선생)님의 성함은 김영희입니다.
   (3) 敎室(교실)에 가면 친구를 만날 수 있습니다.

### 12과

1. (1) ② 夕　(2) ① 朝
   (3) ④ 夜　(4) ③ 晝

2. (Example)
   (1) 과거(過去)에 늦게 일어나는 나쁜 습관이 있었습니다.
   (2) 미래(未來)를 위해서 공부를 열심히 합니다.
   (3) 현재(現在) 외국 여행을 하고 싶습니다.
   (4) 미래(未來) 사회에는 인간의 생활이 더 편리해질 것 같습니다.
   (5) 현재(現在) 가장 가고 싶은 곳은 바다입니다.
   (6) 과거(過去)의 역사에서 옛날 사람들의 지혜를 배웁니다.

## Let's Practice Intermediate : Answer

### 1과

1. (1) ① 生　(2) ④ 死
   (3) ③ 病　(4) ② 老

2. (Example)
   (1) 제 生日(생일)은 3월 12일입니다.
   (2) 한국은 入學式(입학식)을 3월에 합니다.
   (3) 고등학교 卒業式(졸업식)이 가장 기억에 남습니다.
   (4) 結婚式(결혼식)은 교회에서 하고 싶습니다.
   (5) 할머니 葬禮式(장례식) 때 많이 울었습니다.

3. (1) 일생　(2) 생로병사　(3) 출생
   (4) 노인　(5) 병　(6) 사망
   (7) 인생　(8) 인생　(9) 정
   (10) 친절　(11) 애인　(12) 애정
   (13) 친구　(14) 우정　(15) 친절
   (16) 인생

### 2과

1. (1) ④ 習　(2) ① 書
   (3) ② 復　(4) ③ 題

2.
(1)

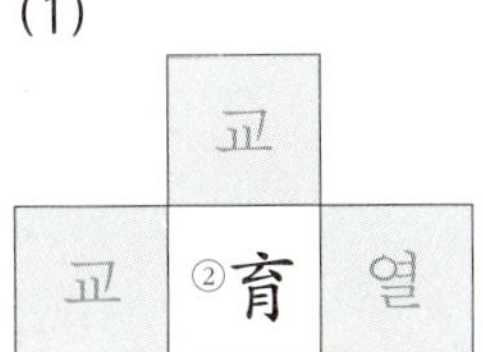


(2)

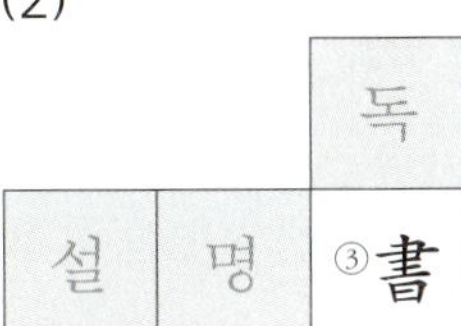


(3)

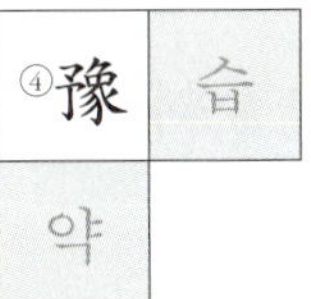


3. (1) 학교　(2) 교실
   (3) 연습　(4) 서예 연습
   (5) 도서관　(6) 도서관
   (7) 교과서　(8) 복습
   (9) 예습　(10) 방학
   (11) 방학　(12) 독서
   (13) 독서

### 3과

1. (Example)
   ① 제 성격은 운동을 좋아하고 활동적(活動的)입니다.
   ② 저는 내성적(內省的)이라서 다른 사람 앞에서 말을 하는 것이 어려워요.

2. (1) ① 內省的　(2) ⑥ 自信感
   (3) ⑩ 性急　(4) ④ 親切
   (5) ⑨ 快活

3. (1) 소심　(2) 내성적
   (3) 자신　(4) 외향적
   (5) 자기중심적　(6) 자신감
   (7) 성격　(8) 쾌활
   (9) 성급

## 4과

1. (1) ① 食費　(2) ④ 觀覽料
   (3) ③ 授業料　(4) ⑤ 給料
   (5) ② 交通費

2. (1) ② 加　(2) ① 價
   (3) ① 價　(4) ② 加
   (5) ① 價

3. (1) 경제 문제　(2) 물가
   (3) 생활비　(4) 요금
   (5) 교통비

## 5과

1. (1) ② 販賣員　(2) ⑤ 料理師
   (3) ⑥ 技術者　(4) ① 會社員

2. (1) ③ 就職　(2) ② 會社
   (3) ⑥ 成功　(4) ① 社長
   (5) ④ 職員

3. (1) 회사　(2) 내년
   (3) 사장　(4) 노동자
   (5) 성과　(6) 회사
   (7) 성장　(8) 노사
   (9) 성장　(10) 직장

## 6과

1. (1) ④ 路　(2) ② 線
   (3) ① 所　(4) ③ 場

2. (1) 도로　(2) 교통
   (3) 인구　(4) 교통
   (5) 차선　(6) 과속
   (7) 승차

## 7과

1. (1) 最 — (라) 善
   (2) 視 — (다) 力
   (3) 新 — (나) 式
   (4) 放 — (가) 送
   (5) 聽 — (마) 衆

2. (1) ③ 上映　(2) ④ 變化
   (3) ⑤ 歌手　(4) ⑥ 公衆
   (5) ② 最善

3. (1) 가수　(2) 영화
   (3) 학생　(4) 가수
   (5) 대중　(6) 시청자
   (7) 방송　(8) 대중문화
   (9) 영화　(10) 가요
   (11) 사회적 문제

## 8과

1. (Example) 國內, 無料, 古代, 人物, 遺物 …….

2.

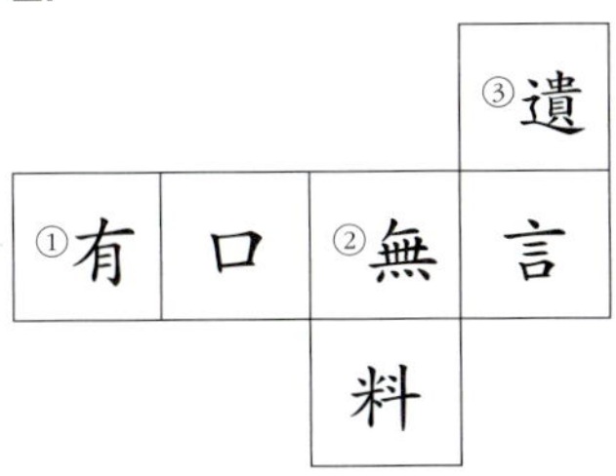


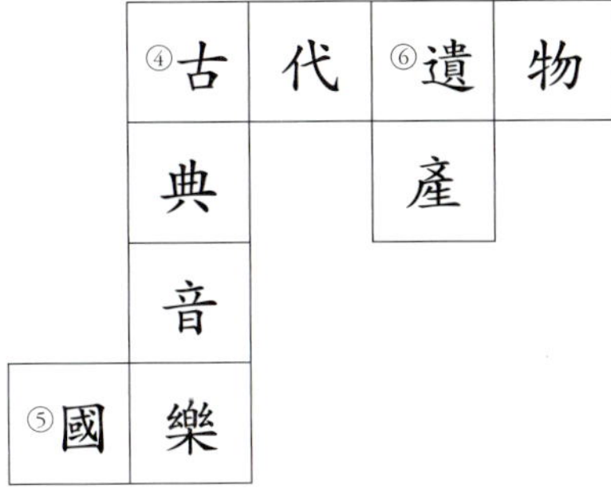


## 9과

1. (1) ③ 旅券
   (2) ① 行事
   (3) ⑥ 名品
   (4) ⑤ 外界人

2. (Example) 요즘은 全世界로 여행을 많이 갑니다. 하지만 全國의 名所 중에도 가보지 못 한 곳이 많습니다. 이번 連休에는 有名하다는 공원에 가려고 합니다. 공기 좋은 곳에서 休息도 갖고 맛있는 飮食도 먹으려고 합니다. 旅費도 많이 안 들 것 같습니다.

3. (1) 연휴 (2) 전국
   (3) 명소 (4) 여행
   (5) 여관 (6) 연휴
   (7) 명소 (8) 휴식
   (9) 여행 (10) 식당
   (11) 음식 (12) 여행
   (13) 각자 (14) 전세계
   (15) 여행 (16) 세대
   (17) 여비

## 10과

1.

| 論 | 討 | 未 | 意 | 味 |
|---|---|---|---|---|
| 理 | 思 | 知 | 識 | 無 |
| 感 | 考 | 想 | 空 | 學 |
| 實 | 力 | 豫 | 問 | 者 |

2. (1) ⑥ 論文 (2) ⑤ 假像
   (3) ② 無識 (4) ① 實感
   (5) ⑦ 未婚

3. (1) 의사소통 (2) 의사소통
   (3) 의견 (4) 이해
   (5) 의사소통 (6) 성공적
   (7) 토론 (8) 의견
   (9) 이유 (10) 의견
   (11) 일리 (12) 이해
   (13) 의미 (14) 사상
   (15) 지식 (16) 능력
   (17) 의사소통 (18) 상식
   (19) 사고 (20) 성실

## 11과

1. (1) ⑥ 言爭　(2) ② 相談
   (3) ① 對話　(4) ③ 記錄
   (5) ⑤ 弄談　(6) ④ 作文

2. (1) ① 大使館　(2) ③ 體育館
   (3) ⑤ 百貨店　(4) ⑥ 露店
   (5) ② 圖書館　(6) ④ 書店

3. (1) 학생　(2) 한국어
   (3) 중국어　(4) 외국어
   (5) 단어　(6) 작문
   (7) 외국어　(8) 중국어
   (9) 도서관　(10) 서점

## 12과

1. (1) ⑤ 內科　(2) ⑧ 便利
   (3) ② 出發　(4) ⑥ 利用
   (5) ⑦ 發展

2. (1) ② 利　(2) ⑤ 發
   (3) ⑦ 不　(4) ③ 術

3. (1) 과학 기술　(2) 발전
   (3) 인간　(4) 생활
   (5) 상상　(6) 편리
   (7) 발명　(8) 사회
   (9) 변화　(10) 물건
   (11) 과학　(12) 발전
   (13) 공기　(14) 인간
   (15) 과학 발전　(16) 인간

## 13과

1.

| | |
|---|---|
| (1) 家 | (가) 氵 |
| (2) 林 | (나) 宀 |
| (3) 海 | (다) 木 |
| (4) 雪 | (라) 亻 |
| (5) 休 | (마) 雨 |

2. ② 草

3. ③ 室

4. ② 木

## 14과

1.

| | |
|---|---|
| (1) 婚 | (가) 力 |
| (2) 孝 | (나) 言 |
| (3) 動 | (다) 心 |
| (4) 話 | (라) 女 |
| (5) 愛 | (마) 子 |

2. ③ 想

3. ① 言

4. ④ 辶

一二三四五六七八九十 | 火水木金土年
百千萬

日月火水木金土年 時分 日月火水木金土年時分

金

일이삼사오육칠팔구십백만 일월화수목금토시분년

一二三四五六七八九十百萬日月火水木金土時分年

천 千

年